Udo Renzenbrink
Die Sieben Getreide

UDO RENZENBRINK

DIE SIEBEN GETREIDE

NAHRUNG FÜR DEN MENSCHEN

VERLAG
AM GOETHEANUM

3. Auflage 1993

Einbandgestaltung Gabriela de Carvalho
Zeichnungen Elsbeth Renzenbrink

© Copyright 1993 by Philosophisch-Anthroposophischer
Verlag am Goetheanum, CH-4143 Dornach
Alle Rechte vorbehalten
Satz: Utesch Satztechnik GmbH, Hamburg
Druck und Bindung: Freiburger Graphische Betriebe
ISBN 3-7235-0693-3

Inhalt

Vorwort 9

I. Das Getreide – Nahrung des Menschen 13
Der kultische Ursprung 15
Persische Urkunden 15
Die Gabe der Demeter 18
Vom Wesen des Getreides 29
Die Familie der Gräser 29
Die Getreidepflanze 31
Die ätherischen Bildekräfte im Werden der Getreidepflanze 36
Das Getreidekorn 40
Wirksamkeit des Getreides im Menschen 43
Nerven-Sinnesbereich 43
Stoffwechselsystem 51
Herz- und Lungensystem 55

II. Die sieben Getreide in Normalkost und Diät 61
Der Weizen 63
Aus der Geschichte 63
Der Anbau in unserer Zeit 64
Die Arten des Weizens 66
Klima und Boden 67
Botanische Merkmale 67
Der Dinkel 71

Grünkern	72
Die Nährmittel aus Weizen	72
Wirkungen im Menschen	74
Der Reis	78
Wirksamkeiten des Mondes	78
Die Reisesserin in Peking	79
Botanische Betrachtungen	84
Der Nährstoffgehalt des Reiskorns	85
Weiterverarbeitung	85
Reissorten	87
Weitere Verwendung der Reispflanze	88
Reisanbau	88
Wirksamkeiten der Reisernährung im Menschen	91
Reisgeschichte und kulturelle Entwicklungen	94
Erzählung aus Indien	95
Die Gerste	98
Die Gerste – das bevorzugte Getreide der Griechen	100
Botanische Merkmale	101
Keimung und Malzbildung	104
Anbau der Gerste	106
Verarbeitungsformen der Gerste. Was ist im Handel erhältlich?	107
Wirksamkeiten im Menschen	110
Die Hirse	117
Botanische Merkmale	117
Was enthält das Hirsekorn?	120
Über den Anbau	121
Zur Kulturgeschichte der Hirse	122
Wirksamkeiten im Menschen	124
Die Kieseldynamik	125
Die Wärmebildung	127
Das Märchen vom süßen Brei	129

Der Roggen 130
Vom Wesen des Roggens 130
Züchtung und Anbau 133
Aus der Kulturgeschichte 135
Die Weiterverarbeitung des Roggens 137
Wirksamkeiten im Menschen 137
Der Bauer Paavo 141
Der Hafer 144
Hafer und Golfstrom 144
Botanische Betrachtungen 145
Nährstoffe im Hafer 148
Der Hafer in der Normalkost 151
Der Hafer in der Krankenkost 153
Aus der Kulturgeschichte des Hafers 154
Der Mais 157
Botanische Betrachtungen 157
Vegetationsbedingungen 161
Die Inhaltsstoffe 163
Verwendungsformen als Nahrungsmittel 163
Nährwert für den Menschen 164
Der Mais – das Getreide der Indianer 167

III. Die Siebenfalt der Getreide – Planeten und Wochentage 173
Die Reihenfolge der Wochentage 182

IV. Gliederungen der Vierheit 187
Elemente, Ätherarten, Temperamente und ihre Beziehung zu den Getreidearten 189

V. Das Brot 201
Geschichte des Brotbackens 205
Die Brotbereitung heute 208

Das Honig-Salzbrot 210
Spezial-Backferment nach Hugo Erbe 212
Der Sauerteig 213
Das Hefebrot 216
*Das Brot und der Weg des Menschen
in die Zukunft* 216

Anmerkungen 220

Bildnachweise 224

Vorwort

Das Getreide war seit altersher das Grundnahrungsmittel der Menschen. Wir finden Zeugnis von ihm in allen vergangenen Hochkulturen. Doch war die Wertschätzung dieses menschengemäßen Nahrungsmittels nicht immer gleich. Sigwald Bommer[1] beschreibt in seinem Buch «Die Gabe der Demeter», wie im Aufgang der griechischen und römischen Kultur die Bevölkerung vorwiegend von Getreide lebte, nach der kulturellen Blüte indessen sich im Zuge einer allgemeinen Entartung vom vollwertigen Getreide abwandte und verfeinerte Produkte bevorzugte.

Auch in unserer Zeit geht der Verbrauch von Getreide zurück. Aber nicht nur das: Während zu Beginn des 19. Jahrhunderts noch 90 Prozent des Getreides als Vollkorn verzehrt wurde, gelangen heute nur noch 5 Prozent der Ernte unraffiniert zum Verbraucher. Der Vergleich mit der griechischen und römischen Kultur drängt sich beunruhigend auf. Sind die Zahlen vom heutigen Getreideverzehr im Sinne eines allgemeinen Niedergangs zu deuten? In gewisser Weise trifft das wohl zu. Aber betrachten wir einmal die Gegebenheiten genauer: Da ist auch eine andere Strömung zu erkennen. Mehr und mehr Menschen interessieren sich für eine vollwertige Getreideernährung, suchen nach neuen Rezepten, nehmen an Kochkursen teil und backen selbst Brot. Ihre Zahl ist noch nicht so groß, daß sie in den Statistiken der Länder bemerkbar wäre, aber sie ist ständig im Wachsen. Es treffen sich häufig Menschen, die mit der festgefahrenen technokratischen Gesellschaftsordnung nicht einverstanden sind und neue kulturschaffende Impulse ergreifen.

Dabei tritt wieder die Verbindung zwischen schöpferischer Kraft und Getreideernährung hervor, wie sie Sigwald Bommer für die alten Kulturen beschreibt. Freilich sind nicht alle «Getreideesser» kulturschaffend, so wie unter den schöpferischen Menschen manch einer ist, der sich nach anderen oder nach gar keinen bewußt aufgenommenen Gesichtspunkten ernährt. Zumeist sind jedoch für diese Ernährungsart solche Menschen offen, die auf verschiedene Weise nach neuen Wegen suchen und Keimzellen bilden, durch die unserer Kultur neues Leben zuströmt.

Es gilt nun, bei diesen Menschen das Bedürfnis nach Information zu befriedigen. Das Interesse geht nach zwei Richtungen: Es wird gefragt nach der praktischen Zubereitung von Getreidegerichten sowie nach dem Wesen der einzelnen Getreidearten und ihrer besonderen Wirkung auf den Menschen.

Zu der ersten Frage liegt eine reichhaltige Literatur vor. In Verbindung mit dieser Schrift steht unter anderem das Buch «Zeitgemäße Getreideernährung»[2], das Kochanweisungen für alle Getreide enthält. Die zweite Thematik wurde von Gerhard Schmidt und mir in dem Werk «Das Getreide als menschengemäße Nahrung»[3] behandelt. Dieser erste Band war vorwiegend der Gerste gewidmet. Es sollte noch eine Fortsetzung über alle weiteren Getreidearten folgen, wozu es damals nicht kam. Da das Buch vergriffen ist, habe ich mich entschlossen, die Darstellung aller sieben Getreidearten in einem Band zusammenzufassen und dabei einige Abschnitte aus dem ersten Teil in neuer Form dem Ganzen einzugliedern. Der Inhalt ist das Ergebnis von Vorträgen und Kursen, die ich in Unterlengenhardt und an verschiedenen anderen Orten zu halten hatte.

Oft fanden in Verbindung mit den Vorträgen durch die Mitarbeiter des Arbeitskreises für Ernährungsforschung Kochkurse statt, wodurch eine lebendige Beziehung zur Praxis gegeben war.

Unsere Arbeit an der Getreideernährung und ihrer Wirkung auf den menschlichen Organismus wäre nicht möglich ohne die geisteswissenschaftlichen Forschungsergebnisse Rudolf Steiners und ohne seine Anweisungen zu einer vertieften Natur- und Menschenerkenntnis. Sie liegen dieser Schrift zugrunde.

Bad Liebenzell, Michaeli 1980   *Dr. Udo Renzenbrink*

I.
DAS GETREIDE – NAHRUNG DES MENSCHEN

Der kultische Ursprung

Was war am Anfang? Wann erschien das Getreide auf Erden? Wie schuf der Mensch die Möglichkeit, daß es da sein und sich entwickeln konnte?

Ehe wir eine Antwort suchen, bedenken wir: Mit dem Getreide entstand Ackerbau, das heißt auf lateinisch: Cultura. Nehmen wir das Wort ernst: Eine Kulturlandschaft erwuchs den Getreidefeldern, es konnte sich mit ihnen Kultur entwickeln. Davon schreibt schon der griechische Historiker Herodot, der nicht in den kriegerischen Nomaden, sondern in den ackerbautreibenden Völkern die Kulturträger sah. Wann aber begann diese Entwicklung?

Persische Urkunden

Die historischen Überlieferungen deuten darauf hin, daß der erste Getreideanbau in der Zeit der persischen Kulturepoche – etwa 8000 Jahre v. Chr. – erfolgte. Wie wurde das geleistet? Heute vollziehen sich die Entdeckungen in den wissenschaftlichen Laboratorien oder auf den Versuchsfeldern der Institute. Anders war es in jenen alten Zeiten. Da gingen alle fortschrittlichen Impulse von den Priestern aus, die in bestimmten Mysterienstätten wirkten. Die allgemeine Menschheit hatte in diese Weiheorte keinen Einblick, daher der Name «Mysterien». Der höchste Eingeweihte der persischen Kultur war *Zarathustra*. Er empfing als Menschheitsführer der damaligen Zeit seine Inspirationen von den göttlichen Mächten, die sich der fortschreitenden Entwicklung angenommen hatten. Die Erde war im Verlaufe ihrer Alterung fester geworden. Damit sie nun Früchte und Getreide hervorbringen konnte, um die Menschen zu ernähren, mußten ertragreiche Arten gezüchtet werden, die harte Erdkruste gepflügt werden, sonst wäre eine Weiterentwicklung der Menschen nicht möglich gewesen. So war das erste Pflügen und Säen im Jahr eine feierliche Handlung. Mit einem vergoldeten Pflug zog der Priester die erste Furche und säte den Weizen. Eine Sonnenkultur blühte auf; die höchste Gottheit Ahura Mazdao wurde in der strahlenden Sonne verehrt. Von der Bedeutung, die man dem Getreidebau als einer neuen Errungenschaft innerhalb der persischen Kultur beimaß, legt die Avesta, das alte persische Religionsbuch, Zeugnis ab. Es heißt dort im Vidaevdat[4], dem Gesetzbuch, Kapitel 3:

Zarathustra spricht:
«O Schöpfer der stofflichen Welt, Ehrwürdiger.
Wo auf der Erde hier ist es drittens am behaglichsten?»

Da sagte Ahura Mazdah:
«Wahrlich, wo man am meisten, o Zarathustra, durch Aussäen anbaut Getreide und Gräser und Bäume mit eßbaren Früchten, indem man zur Wüste hin Wasser schafft... Denn nicht ist diese Erde froh, solange sie ungepflügt dalag, die vom Pflüger zu pflügen ist, ebensowenig die schön gewachsene Frau, die lange kinderlos ist, Gutes darum heischend vom Manne.

Wer die Erde bearbeitet, o Zarathustra, mit dem linken

Arm und dem rechten, mit dem rechten und dem linken, der schafft ihr Gewinn wie ein lieber Mann seinem lieben Weib einen Sohn oder anderen Gewinn verschafft...»

«O Schöpfer der stofflichen Welt, Ehrwürdiger, was ist der Kern der mazdagasnischen Religion?»

«Keiner von denen, die nicht essen, ist tüchtig, die kräftigen Werke der Rechtschaffenheit zu verrichten, noch den kräftigen Landbau zu treiben, noch in den kräftigen Besitz von Söhnen zu gelangen.

Durch Essen lebt die ganze stoffliche Welt, durch Nichtessen stirbt sie.

Wer Korn sät, sät das Gute. Er nährt und verbreitet die Sonnenreligion. Indem der Mensch Korn als Nahrung ißt, lebt die gesamte Körperwelt.»

In der «Avesta» wird berichtet von den Daevas, den gefallenen Lichtgeistern, die nur der Dunkelheit dienen. Diese erfahren als erste von dem Korn:

«Als das Korn geschaffen wurde, fuhren die Daevas erschreckt in die Höhe. Als es sprosste, verloren sie allen Mut. Als sich die Knoten der Halme zeigten, heulten die Geister. Und als die Ähre zutage trat, flohen sie davon.»

Ferner wird von ihnen gesagt:
«Wächst das Korn in Fülle, ist es den Daevas, als ob sich glühendes Eisen in ihrem Munde drehte.»

War in der persischen Zeit wirklich der Anfang der Getreidekultur? Gab es das Getreide in ältesten Zeiten der Menschenentwicklung noch nicht? Historische Dokumente lassen uns im Stich, aber in den Mythen können wir eine Antwort auf unsere Frage finden. Diese drücken in Bildern eine höhere Wirklichkeit aus.

Die Gabe der Demeter

Wenden wir den Blick auf den *Demetermythos*. Die griechische Göttin Demeter personifizierte die Fruchtbarkeit, jene Kraft, die der Erde alles Wachsen, Sprießen, Blühen und Reifen schenkte. Aus ihren Händen empfing der Mensch das Getreide.

Was mag der Grieche erlebt haben, wenn er von Demeter und ihrer Tochter Persephone sprach? Uralte Menschheitserinnerungen wurden in seiner Seele wach, wenn ihre Namen ertönten. Demeter war eine mütterliche Gestalt, in der sich der Mensch geborgen fühlte; die Urmutter nannte man sie. Später sprach man dann allgemein von der Mutter Natur. Letzte Reste des Erlebens der Demeter sind heute noch in jedem Menschen vorhanden.

Wer mit wachen Sinnen und liebevollem Interesse reifende Kornfelder erlebt, ganz hingegeben dem Goldglanz der Ähren, ihrem Wiegen im Wind, dem Spiel der Wolken und dem Jubel der Lerchen, der spürt bisweilen noch etwas von dem liebevollen mütterlichen Urgrund, aus dem alles Leben hervorgeht. Der Grieche verehrte die Göttin Demeter in den heiligen Tempelstätten von Eleusis. Die Eleusinischen Mysterien waren der Demeter und ihrer Tochter Persephone geweiht. In den Worten des Orpheus[5], mit denen er die Göttin feiert, schwingt etwas von der griechischen Seele mit:

«Göttliche Mutter des Alls,
Deo, vielgerufene Gottheit!

> Keusche, männernährende,
> Freundliche Geberin Demeter!
> Reichtumschenkende Göttin,
> Ährennährerin, Allesgeberin,
> Erfreut von den Werken des Friedens
> Und von emsiger Arbeit.»

In seinem Gedicht über «Das Eleusische Fest» bringt Schiller einen Abglanz von der Stimmung zum Ausdruck, die damals die Menschen beseelt haben mag:

> «Windet zum Kranze die goldenen Ähren,
> Flechtet auch blaue Cyanen hinein!
> Freude soll jedes Auge verklären,
> Denn die Königin ziehet ein,
> Die uns die süße Heimat gegeben,
> Die den Menschen zum Menschen gesellt.
> Unser Gesang soll sie festlich erheben,
> Die beglückende Mutter der Welt.»
>
> Aus «Das Eleusische Fest», 1798

Nun ist die Getreidegöttin Demeter jedoch nicht nur eine Gestalt, die sich dem Menschen gnadevoll aus göttlichen Fernen neigt, sie ist vielmehr durch das Schicksal ihrer Tochter Persephone mit der Entwicklung des Menschengeschlechtes tragisch verbunden. Das weist in ferne Urzeiten zurück.

In dem Hymnus «Lob der Demeter»[6], den die Forschung einem Initiierten von Eleusis (7. Jahrhundert v. Chr.) zuschreibt, wird das Drama vom Raub der Persephone in bewegenden Worten geschildert: Persephone wird vom Gott der Unterwelt, Pluto, gegen ihren Willen in sein

Nach dem Weiherelief von Eleusis

Reich entführt, um dort mit ihm zu herrschen. Es gelingt der Mutter zwar, den Göttervater Zeus zu bestimmen, ihre geliebte Tochter in die Welt des Lichtes zurückzuführen, doch muß diese in jedem Jahr vier Monate in die Unterwelt zurückkehren, da Pluto sie verführte, in seinem Machtbereich eine Speise in Form eines Granatapfels zu sich zu nehmen. In dem Geschehen ist bedeutsam die Berührung der Göttin Demeter und ihrer Tochter mit den sterblichen Menschen, insbesondere dem Sohn des Königs von Eleusis, Triptolemos eingeflochten, dem Demeter die Ähren übergibt, damit er die Menschen den Ackerbau lehre. – Der Hymnus endet mit der Begründung der Mysterien von Eleusis.

Persephone ist eine rätselhafte Gestalt. In ihr wurde allgemein eine Saatgöttin gesehen. Entsprechend den vegetativen Vorgängen auf dem Acker, die mit dem Wechsel der Jahreszeiten schwinden und neu erscheinen, steigt sie vier Monate in die Unterwelt hinab und verbringt die übrige Zeit bei ihrer Mutter und den oberen Göttern.

Das ist allerdings nur die äußere Seite für ein esoterisches Bild. Was sich im Kult der Saatgöttin Persephone ausdrückt, ist Gleichnis für das Schicksal der Menschenseele, die im Laufe ihrer Entwicklung in die dunkle Materie hinabgezogen und darin festgehalten wird, aber doch immer wieder die Verbindung zum Licht finden kann. Der Weg führt – wie beim Samenkorn in der Erde – über den Tod zu neuem Leben, zur Auferstehung.

Rudolf Steiner wies auf diese bedeutsame Verbindung des Naturgeschehens mit der menschlichen Seele, die im Mysterium von Eleusis verborgen ist, hin[7]. Er führte aus, daß in ältesten Zeiten der Menschheitsentwicklung, weit vor aller historischen Überlieferung, die Menschenseele in enger Verbindung mit der geistigen Welt lebte. Wenn der damalige Mensch hineinschaute in die geistige Welt, sah er in den Naturkräften des Fruchtbaren die Göttin Demeter walten; er erlebte diese Kräfte aber auch innerlich, wenn er sie mit der Nahrung oder mit dem Atem in sich aufnahm. Ja, er spürte seinen Organismus aus ihnen gebildet; Demeter wirkte in ihm, aber sie wirkte auch als Urmutter seiner Seele. Dabei wurde etwas Neues in ihm geboren, das ihn mit hellseherischer Kraft erfüllte. Dieses Geschehen erlebte er als die Geburt der Persephone, der Tochter der fruchtbarkeittragenden Göttin der Natur. Der menschliche Leib war in diesen Urzeiten noch weich und bildsam, so daß in ihm Persephone in freier Entfaltung der naturhaft gegebenen hellseherischen Kräfte erschien, in ständiger Verbindung mit der Mutter Demeter. Die Natursubstanzen der Nahrung verwandelten sich in die seelischen Kräfte der Hellsichtigkeit.

Aber dann brach eine Zeit an, in welcher der Leib des Menschen immer fester wurde und damit weniger durchlässig war für das Geistige. Die Kräfte der dunklen Materie nahmen überhand, im mythischen Bild: Pluto, der Gott der Todeswelt, trat seine Herrschaft an. Er raubte Persephone und gewann damit Gewalt über die hellsichtigen Kräfte des Menschen. In seinem dichten Organismus konnte der Mensch nur noch durch seine Sinne die irdische Umwelt wahrnehmen, das Geistige blieb ihm verschlossen.

Nachdem die Göttin Demeter vom Menschen nicht mehr unmittelbar erlebt werden konnte, zog sie sich aus seinem Umkreis zurück, stiftete dafür aber das Heiligtum Eleusis. Dort ließ sie das Geistig-Moralische, das die Menschen nun nicht mehr direkt erfuhren, als Gesetz verkünden und lehrte den Anbau des Getreides. Es wurden aber zugleich auch Wege gewiesen, wie sich der Mensch in den

Mysterien aus der Macht des Pluto befreien konnte, um Persephone zu erlösen.

Die Einweihung in die Eleusinischen Mysterien führte zur Aufgabe, sich mit den plutonischen Gewalten auseinanderzusetzen. Herkules, der den Höllenhund Zerberus holen und wieder in den Hades zurückbringen mußte, war ein Eingeweihter in Eleusis. Nicht umsonst heißt die Substanz, durch welche die stärksten Gewalten der Unterwelt zu entfesseln sind, «Plutonium». Und das heutige Eleusis ist im Unterschied zu den anderen Mysterienstätten Griechenlands wie Ephesos und Olympia von vielen großen Fabrikanlagen und einem modernen Düsenjägerflugplatz umgeben.

Wenden wir uns wieder dem Ursprung des Demeter-Mythos zu, jener Epoche, als Persephone noch nicht von Pluto geraubt worden war und der Mensch noch erfuhr, wie die Kräfte der Demeter in der Natur und in ihm wirkten. Damals empfing er aus den Händen der Göttin das Getreide. Gibt es einen Anhalt, bis zu welcher Zeit wir dabei zurückschauen müssen, um eine Antwort zu finden auf die Frage nach dem Ursprung des Getreides? – Platon[8], ein Eingeweihter in die Eleusinischen Mysterien, hat davon ein bedeutendes Zeugnis gegeben in seinem Fragment über die «Insel Atlantis». Er weist auf jenen untergegangenen Kontinent, der auf dem Grund des heutigen Atlantischen Ozeans ruht, als den eigentlichen Schauplatz der Demeter-Kultur. Rudolf Steiner[9] gibt in verschiedener Weise eingehende Schilderungen dieser ältesten Zeit, die er die atlantische Kulturepoche nennt, und beschreibt, wie der Mensch damals bereits vom Getreide lebte. Er hatte es noch nicht nötig, den Boden mühsam zu beackern und Pflanzen zu züchten; die Erde und ihre Geschöpfe waren zu dieser Zeit noch weich und bildsam. Die «Kraft der

Demeter» wirkte gleichsam magisch durch den Menschen und befähigte ihn, das Pflanzenwachstum und den Wasserhaushalt der Erde zu beeinflussen. Wenn heute unter den Händen bestimmter Menschen Pflanzen besser gedeihen, so ist das ein schwacher Abglanz von dem, was damals möglich war, besonders den Eingeweihten in den Mysterienstätten. Auch verstand man, den Einfluß der Sternkonstellationen auf Saat und Ernte nutzbar zu machen. Heute beginnt man in der biologisch-dynamischen Wirtschaftsweise durch die Beachtung kosmischer Rhythmen Erfolge zu erzielen. Das ist ein zarter Wiederbeginn auf der Stufe eines neuen spirituellen Bewußtseins, ein neuer Umgang mit jenen Naturkräften, welche die Menschen auf der alten Atlantis noch handhaben konnten. Sie vermochten es, die sieben Getreide, den sieben Planeten entsprechend, immer wieder neu entstehen zu lassen.

In der Schrift «Atlantische vorsintflutliche Welt» trägt Ignatius Donelly[10], von dem Bericht Platons ausgehend, alle Argumente zusammen, um die Richtigkeit der altgriechischen Schilderung zu erhärten: «Nach Atlantis müssen wir unsere Blicke richten, wenn wir die Urheimat der meisten unserer Nutzpflanzen suchen... Wir können die Überzeugung gar nicht von der Hand weisen, daß die hauptsächlichsten Cerealien wie Weizen, Korn, Roggen, Hafer, Mais und so weiter in einer ungeheuer weit zurückliegenden Zeit zuerst angebaut und gezüchtet wurden, und zwar auf einem Kontinent, der die wildwachsenden Originale dieser Pflanze wohl besaß, der aber seitdem mitsamt diesen Urpflanzen verschwunden ist... Ich glaube, wir treffen das Richtige, wenn wir sagen, die späteren Getreideanbauer waren Kolonisten von jenem Lande, wo Weizen und Gerste zuerst angebaut wurden, das heißt von Atlantis.»

Auf diese Zusammenhänge weist Gerhard Schmidt[11] eingehend hin. Er zitiert Donelly, der sich wiederum auf einen Ausspruch Bacons beruft: «‹Die Mythologie der Griechen, welche die ältesten griechischen Schriftsteller gewiß nicht für ihre eigene Erfindung ausgeben wollen, war nichts weiter als ein zarter Lufthauch, der von einem viel älteren Volke zu den Griechen herüberwehte, und in ihren Liedern Nachklänge weckte, die sie dann ihrem eigenen poetischen Bedürfnis gemäß umstimmten.› So ist der Demetermythos, den die griechische Kultur an ihrem Anfange hervorbrachte, in der Tat eine Spiegelung der atlantischen Welt. Und wenn die Griechen die Demeter als Getreidegöttin schilderten und ihr die Stiftung des Mysteriums des Getreidebaues zuschrieben, so war dies eine Erinnerung an die alte atlantische Ursprungswelt des Getreides, an die demetrische Urschöpferkraft, die aus dem die junge Erde bedeckenden Pflanzengrün die Getreideformen hervorzauberten.»

Aber die blühende Kultur der Atlantis verfiel. Die Menschen mißbrauchten ihre Macht zu egoistischen Zwecken. Es bildeten sich Stämme und Rassen, die sich bekriegten und dabei mit ihren zwar dekadenten, aber doch noch wirksamen Kräften Flutkatastrophen auslösten. Schließlich versank der Kontinent im Meer. Die Flüchtlingsströme ergossen sich nach Osten. In der Bibel wird im Bilde dargestellt, wie der Eingeweihte Noah die Früchte der atlantischen Kultur für die Zukunft rettete.

Im Drama von Albert Steffen[12] «Das Todeserlebnis des Manes» segnet der sterbende Noah seine Söhne, von denen jeder einen Urberuf der Menschheit verkörpert. Er wendet sich an den Bauern mit den Worten, die einem Vermächtnis gleichen:

«Ja, ehmals, vor der Flut, gab es Getreide
mit markig-dicken, milchdurchdrungenen Ähren,
nach den Gestirnen duftend, sieben Sorten,
und wer sie aß, der wurde niemals krank.
Dann schrumpften sie und wurden hart und dürr,
weil wir den Himmel, den wir aßen, ach!
vergaßen, ihn den Vater...»

Wie das Getreide, so wurde auch der Mensch hart und dürr. Auch er schrumpfte und sonderte sich ab von seinem göttlichen Urgrund. Das Getreide wurde ihm auf seinem Gang Wegbruder.

Dieser Gang in die Finsternis wird im Demeter-Mythos durch den Raub der Persephone dargestellt. Für zwei Drittel des Jahres durfte sie durch das Eingreifen der Demeter in die Lichtwelt zurückkehren. Es gibt in der griechischen Mythologie aber auch schon einen Hinweis auf die Befreiung der Menschenseele im Sinne des christlichen Erlösungsgedankens.

Von jeher wurde das Keimen der Saat als Gleichnis für den Sieg des Lebens über den Tod angesehen. In diesem Sinne war es Brauch, den Verstorbenen Getreidekörner mit ins Grab zu legen. Das gehörte nicht nur in den Pyramiden zum Bestattungskult, auch in Rußland fand man in prähistorischen Grabkammern Getreidekörner. Albert Steffen läßt in dem erwähnten Drama die Königin Nadhira im Totenkult sprechen:

«Wir wollen weit in Zukunftszeiten schauen,
wo diese Ähren keimen, wachsen, fruchten,
die Samen in den Gottesacker legen.
Drum nehmt, ihr Toten, die Getreidekörner,
verpflanzt sie in das eigne Grab und spürt,

wie Wasser, Luft und Wärme sie ergreifen
und wie der Sternenhimmel sie gestaltet,
und steigt mit ihren Säften selbst empor
die Stufen, die das Blattgewinde weist,
begrüßt auf eurem Weg ins Sonnenland
die Seelen, die sich auf die Erde neigen,
und spendet Segen für die Neugebornen.»

«Eleusis» heißt das Kommen, der Advent. Im Demeter-Persephone-Mysterium liegt tief verborgen ein Vorauswissen um den Herabstieg des Christus, des Sonnenkeimes, auf die Erde.

In den Riten der Einweihungen wurde das Geheimnis der Christgeburt bereits in prophetischer Schau gefeiert[13]. Der Schüler wurde, nachdem er die väterlichen und mütterlichen Kräfte im Kosmos geschaut und erlebt hatte, sozusagen in das Allerheiligste geleitet. «Da hatte er das Bild vor sich: die weibliche Gestalt, an ihrer Brust das Kind säugend.» Dann wurde er eingeführt in das Verständnis der Worte: «Und das ist der Gott, der einst kommen wird.»

Noch eine andere geistige Strömung führt von der ältesten Vergangenheit hin zu dem heiligen Geschehen in Palästina. Der Sonneneingeweihte Melchisedek, der das älteste Mysterienwissen verkörperte, reicht Abraham, dem Stammvater des Geschlechtes, in dem der Christus Mensch wurde, Brot und Wein.

Bethlehem, wo Jesus geboren wurde, heißt auf deutsch «Stadt des Brotes». Hier war von alters her die Kornkammer Palästinas. An diesen Ort begab sich Ruth, die Ährenleserin, auf die Tenne des Boas, um sich ihm als Magd und Braut zu erkennen zu geben. Damit wurde sie zur Mutter des Geschlechtes, das von David zum Messias führte. Ährenleserin und Mutter! Werden wir nicht an die Getreidegöttin Demeter erinnert, die Schiller in seinem Gedicht über «Das Eleusinische Fest» als die große Mutter der Welt preist?

Die letzte Erfüllung dieser mütterlichen Gestalten aber ist die Mutter des Heilandes, Maria. Ihre Verbindung zu Ruth, Persephone, Demeter empfanden wohl jene Maler, die «Maria im Ährenkleide» darstellten. In einem alten schottischen Weihnachtslied heißt es:

> «Maria, Du Mutter der Wunder,
> O hilf Du mit Deiner Stärke,
> Dein Segen auf Speise und Tisch,
> Dein Segen auf Ähre und Frucht.»

Was auf Erden geschieht, ist in den Sternen geschrieben. Das lasen wissende Menschen aus den Zeichen am Himmel ab. Sie gaben einem der zwölf Tierkreisbilder, durch das die Sonne im Jahreslauf wandert, den Namen «Jungfrau»; eine Prophetie auf die Mutter des Heilands. Den hellsten Stern in diesem Bild aber nannten sie Spica, das heißt: die Ähre.

Vom Wesen des Getreides

Die Familie der Gräser

Die Gräser oder Gramineae umfassen mehrere Tausend Arten, die in großer Mannigfaltigkeit am grünen Kleid unserer Erde weben. Sie machen zusammen mit dem Laub der Wälder und Gebüsche unsere Erde zum grünen Lebensstern.

Welche Eigenschaften bestimmen die Gräser zur großen Familie der Nährpflanzen? Durch intensive Verwurzelung mit dem Boden, den Grassoden, gewinnen sie eine unverwüstliche Vitalität. Gräser finden wir in allen Gebieten der Erde, sowohl in den Steppen bei großer Dürre und Hitze als auch hoch oben in den Triften der arktischen Länder.

Bei der kräftigen Durchwurzelung sind die Gräser stets bestrebt, sich über den Boden auszubreiten. Immer sind sie darauf aus, die nackte Erde zu überlaufen, wo sie nur können. Wie schwer ist es, diesem Wuchern im Garten Einhalt zu gebieten und die Erde vom Gras frei zu haften! Die Sprosse aus den untersten Knoten vervielfachen sich und bilden Nebensprosse und Ausläufer, die nach allen Seiten Wurzeln schlagen und wieder neue Sprosse nach oben senden. So entfaltet sich jeder Halm zu einem Büschel, das sich mit anderen zum Rasen vereinigt.

Neben dieser horizontalen Ausbreitung, in unmittelbarer Angliederung an den Wurzelbereich, tritt beim Gras ein vertikales Prinzip hervor. Der Grashalm strebt senkrecht nach oben. Das Blatt breitet sich nicht flächenhaft aus, sondern gliedert sich schmal und spitz auslaufend ganz dem Stengel an. Es umschließt ihn zunächst scheidig und löst sich erst nach einer Weile wie zögernd von ihm ab.

Die lineare Gestalt des Blattes weist auf die Verwandtschaft zum Licht hin. Ausdehnung in die Fläche wird durch das wäßrige Element bewirkt; denn das Wasser zerfließt in die Horizontale, es dehnt sich flächenhaft aus. So breiten sich auch die Blätter einer Seerose über die Wasserfläche hin. Bei den Gräsern bestimmt dagegen nicht das Wasser die Form; die zarten, spitz auslaufenden Bildungen sind aus den Begegnungen mit dem Licht geschaffen.

Auf einem alten Gemälde der Verkündigung trifft, von der oben schwebenden Taube ausgehend, ein Lichtstrahl den Körper der Jungfrau Maria. Dieser Lichtstrahl hat die Form eines Blattes der Gramineae.

Die unscheinbaren, winzigen Blüten sitzen zart der Spitze des Sprosses auf. Sie vereinigen sich, in Ähren und Rispen gegliedert, zu einem Blütenstand und liegen, wenn sie sich aus den Deckblättchen befreit haben, für den Wind offen da. Der Wind – nicht ein Insekt – trägt die Blütenpollen zu den Narben. Es ist ein typisches Merkmal der Gräser, daß sie konsequent auf alle Blütenpracht verzichten. Niemals finden wir bei ihnen eine farbenfrohe Blumenkrone.

Durch diese Eigenschaft erhält sich die Familie der Gräser ihre volle Vitalität. Denn das Blühen schwächt die Pflanzen; ein Alpenveilchen kann sich «totblühen». Die Gräser dagegen können durch ihre ungeminderte Bildekraft den Weidetieren als Nahrung dienen. Brächten die Getreide Blumen hervor, so würden diese uns das Brot verderben.

Die Fülle der Samen aber wird im Fruchtstand nicht gehalten, sondern in alle Winde zerstreut.

Die Getreidepflanze

Während die Gräser ihre Früchte verstreuen, halten die Getreide sie in einer Ähre zusammen. Die Ähre ist gleichsam die Krone der Getreidepflanze; zu ihr strömen wie zu einem Ziel und Endzweck alle Bildekräfte hin. Das Wort Getreide ist abgeleitet vom mittelhochdeutschen Stamm «getregeda», das will heißen: das Getragene. Die Ähre wird von der Pflanze «getragen»[14].

Ein solches Schwergewicht oben in der Pflanze verlangt nach einem Ausgleich am Gegenpol, in der *Wurzel*. So finden wir beim Getreide nicht den bei der Familie üblichen Grassoden, sondern eine Wurzel, die in die Tiefe strebt. Die zahlreichen Verzweigungen ordnen sich in die senkrechte Wachstumsrichtung ein.

Wer einmal einen Wurzelatlas betrachten konnte, wird tief beeindruckt sein vom Wurzelbild des Getreides. Jede Pflanzenfamilie hat ja ihre besondere Wurzelform, die uns allerdings verborgen bleibt. Wie wir die Pflanzenart unterscheiden können nach Stengel, Blatt, Blüte oder Frucht, so wäre das bei einiger Übung auch durch die Anschauung der Wurzel möglich. Die Wurzelbildung des Getreides ist etwas einmalig Schönes. Sie ist mit einer Glocke zu vergleichen; jede einzelne Faser gliedert sich filigranartig in die Gesamtform ein. Dabei senken die Wurzelzweige unzählige winzige Härchen in den Boden, tief hinab, wo die Erde auch im Winter, wenn droben der Frost klirrt, noch warm und von Mikroben belebt ist.

Der Roggen sucht Tiefen von 1–2 Meter auf. Wie innig

sich die Wurzel mit dem Boden verbindet, kann eine Zahl deutlich machen: Die Wurzelhärchen einer einzigen Getreidepflanze ergeben zusammen eine Länge von etwa 2 Kilometern. Für eine Pflanze, die außerhalb des Verbandes im Gartenbeet gezogen wurde, errechnete man Strecken bis zu 20 Kilometer. Denken wir erst an ein ganzes Feld: Viele Tausende von Kilometern an Wurzelhärchen; wir kämen mit ihnen mehrfach um das Erdenrund.

Damit wird eine Eigenschaft des Getreides deutlich sichtbar: Das starke Sich-Verwurzeln in der Erde, die Verbindung zur Mineralwelt. Während dieser Zeit der Wurzelbildung ruht das oberirdische Wachstum; nur einige zarte Blattrosetten lagern auf dem Boden. Die Ähre jedoch ist schon als ein feines spiralförmiges Gebilde veranlagt, von Blattscheiden sorgsam umschlossen und eingebettet in die oberste Wurzelregion. Es ist, als ob sie schon am ersten Akt im Werden der Getreidepflanze Anteil nehmen sollte.

Im Frühjahr beginnt dann das Sprießen und Sprossen: an einem Korn können mehrere Halme ansetzen. Mit ungeheurer Kraft drängt die Pflanze jetzt nach oben, dem Licht zu. Wir sagten schon bei der Betrachtung der Gräser: die *Blätter* sind nach dem Urbild des Lichtes geformt. Sie haben die Aufgabe der Assimilation, das heißt, in ihrem Blattgrün Stärke zu bilden. An der Tönung des Grüns können wir erkennen, ob der Bauer Stickstoff gestreut hat. Dann dunkelt die Farbe bis zum Graugrün, auch werden die Blätter massiger und breiter. Ist der Boden dagegen zu arm an Nährstoffen, lichtet sich das Grün bis zum Gelbgrün auf.

Der Halm beeindruckt uns durch seine Aufrichtekraft. Was wirkt dabei durch die Pflanze hindurch? Es ist dem Menschen vorbehalten, sein Ich im Leibe zu inkarnieren

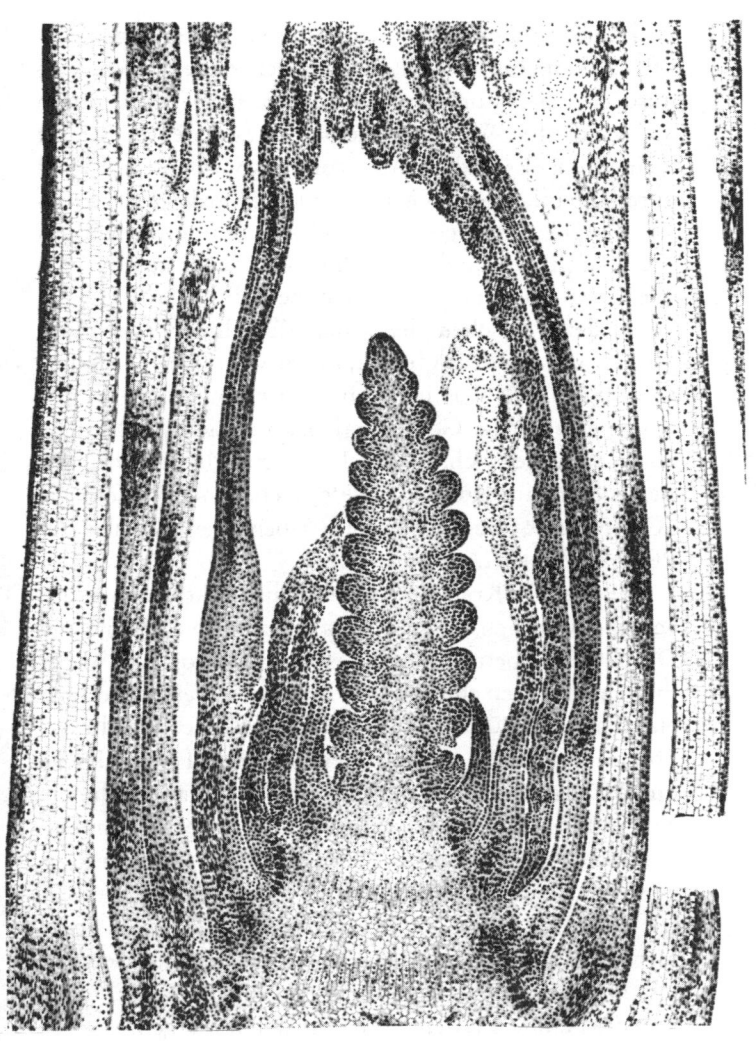

Längsschnitt durch eine junge Weizenähre im April – 2 mm lang

und damit ein Bewußtsein von sich selbst zu erlangen. Die Pflanze kann nur von außen von einer sonnenhaften, kosmischen Ich-Natur ergriffen werden. Diese wirkt durch die senkrechte Wachstumsachse. Darauf deutet Rudolf Steiner hin: «Es ist die Fortsetzung des Sonnenstrahls, was durch die Pflanze zum Mittelpunkt der Erde geht. In dieser Tätigkeit des geistigen Inhalts des Sonnenstrahls drückt sich die Tätigkeit des Ich der Pflanze aus. So wirken Geist, Pflanze, Sonne zusammen.»[15]

Für den Menschen, der in der Aufrichtekraft sein Ich-Wesen zum Ausdruck bringt, ist das Getreide das Hauptnahrungsmittel. Was im Menschen verinnerlicht als Ich wirkt, ergreift die Getreidepflanze im Licht von außen. Somit wird deutlich, daß nicht die einzelnen stofflichen Bestandteile im Korn das Wesentliche sind, sondern die «Geistigkeit», die sich uns im lebendigen Werden der Pflanze offenbart.

Die statische Kraft eines Getreidehalms können wir uns vergegenwärtigen, wenn wir das Verhältnis von Höhe und Durchmesser betrachten. Bei einer Höhe von 1,20 Meter und einem Querschnitt von 4 Millimetern errechnen wir eine Zahl von 300 : 1. Konkret auf bauliche Verhältnisse übertragen: Stellen wir uns einen Turm von 1 Meter Dicke und 300 Meter Höhe vor. Es wäre absurd, anzunehmen, ein Architekt könnte ein solches Bauwerk errichten. Dabei sind die Zahlen sehr zurückhaltend gewählt. Ein Roggenhalm kann gut 1,80 bis 2 Meter hoch werden. So erhalten wir Werte bis zu 500 :1 und mehr. Ein Weiteres noch: Der Halm trägt mit der Ähre das Vielfache seines Gewichtes. Denken wir an diese unvergleichliche Kraft, wenn sich die Halme mit den Ähren im Winde wiegen!

Durch die Kunstdüngerbearbeitung ist allerdings die Standfestigkeit des Getreides erheblich vermindert. Daher werden mit chemischen Mitteln wie C-C-C die Halme verkürzt. Welche Bedeutung mag das für die Brotqualität und damit für den Menschen haben?

Über die *Blütenbildung* wurde bereits bei der Betrachtung der Gräser geschrieben. Beim Getreide tritt wieder ein Besonderes hervor. Nicht jede Ähre blüht für sich, eine nach der anderen – nein, das ganze Feld blüht als ein Ganzes zur gleichen Zeit. Das dauert nur wenige Stunden. Wir müssen Glück haben, wollen wir es erleben, wie beim Roggen die Wolke des Blütenstaubs über das Feld zieht, und es so gut nach warmem Brot duftet. Vorbedingungen für das Blühen sind: eine Lufttemperatur von mindestens 12 Grad Celsius, ein leichtes Wehen des Windes, der Tag muß hell und licht sein.

Nach dem Blühen und der Befruchtung beginnt die hohe Zeit der Reife in Sonnenlicht und Sonnenwärme. Ein zarter Goldton schimmert über dem Feld. Aber diese Tönung kündet von einem Absterbeprozeß; die Pflanze verliert ihr saftiges Grün, Blätter und Halm welken dahin. Auch die Wurzel bildet sich zurück. Während sie bis dahin fest mit der Erde verbunden war, so daß es nicht gelang, sie herauszuziehen, läßt sich eine reife Pflanze kinderleicht aus dem Boden lösen.

In dem unscheinbaren, kleinen, harten Gebilde des Korns sammeln sich nun alle Kräfte in größter Intensität. Eine Handvoll in eine enge Felsspalte geschüttet, kann durch das Keimen den Felsen sprengen.

Wir wollen nun den Werdegang der Getreidepflanze vom Keimen bis zur Reife der Ähre daraufhin betrachten, wie sich hier die Kräfte des Lebendigen in verschiedener Weise ausdrücken.

Die ätherischen Bildekräfte im Werden der Getreidepflanze

Das Korn, in welchem die Lebens- und Bildekräfte konzentriert sind, wird durch das wäßrige Element zum Quellen und Sprießen gebracht. Bei der Keimung werden Stoffumwandlungen eingeleitet, die zum Wachstum des jungen Sprosses führen. Die Lösung und Verbindung von Stoffen vollzieht sich nach chemischen Gesetzen. Es herrscht ein Chemismus vor, der im Blatt, wo sich das wäßrige Element des Saftstromes und die Luft berühren, seinen Höhepunkt erreicht. Hier wird die Assimilation des Kohlenstoffs und die Stärkebildung geleistet. War das ruhende Korn in sich fest und unbewegt, so ist bei den Wachstumsvorgängen alles im Fluß und in ständiger Wandlung begriffen. Dieser Stoffwechsel ist nicht nur aus den Reaktionen, die wir im chemischen Experiment beobachten können, zu verstehen.

Bei den chemischen Vorgängen im Bereich des Lebendigen greift impulsierend und steuernd ein geistiges Element ein, das wir als *chemischen* Äther bezeichnen. Was aus der Luft in das Blatt hineingenommen wird, ist nicht aus den Stoffen nach chemisch-physikalischen Regeln zu verstehen, obwohl es naturgemäß in deren Bahnen abläuft. Als maßgeblicher Faktor ist ein übergeordnetes geistiges Kräftewirken im Spiel. Ohne ein derartiges Element anzuerkennen, bleibt alles wissenschaftliche Forschen an der Oberfläche und kann die einzelnen Phänomene nicht deuten, nur beschreiben. Auch die Eiweißbildung mit ihrer stufenweisen Ausreifung wird in der Pflanze vom chemischen Äther geleitet, außerhalb desselben fault das Eiweiß.

Ehe es zu der vorherrschenden Wirksamkeit des chemischen Äthers kommt, finden wir in der intensiven Wurzelkraft des Getreides eine Qualität des Lebendigen, die sich in anderer Weise ausdrückt. Sie manifestiert sich im mineralischen Element, indem sie dieses in die Lebenszusammenhänge einbezieht. Dazu ist höchste Intensität des Lebendigen notwendig, so daß wir diese Art der Bildekräfte den *Lebensäther* nennen. Die Wurzel als Hauptorgan des Lebensäthers ist in der Tat das vitalste Organ der Pflanze.

Eine dritte Art von bildenden Kräften bestimmt die weitere Phase im Werdegang des Getreides. Ohne sie gäbe es kein Ergrünen von Blatt und Stengel, keine Entfaltung der Blüte, ja, keine Bestäubung und Fruchtbildung. Es sind die lebenspendenden Wirksamkeiten von Luft und Licht, die auch in die Vorgänge der Assimilation eingreifen. Wir sprechen hier von einer Art von Bildekräften, die wir in Verbindung mit dem Licht sehen und daher als *Lichtäther* bezeichnen. Das Licht ist nicht allein physikalisch zu begreifen, es ist die Offenbarung einer kosmischen, geistigen Kraft, die in allem lebendigen Sein webt. Wir können ihr, gleichsam als negatives Gegenbild, das tote, kalte Licht elektrischer Wirksamkeit gegenüberstellen, in dessen Bereich sich kein Leben entfalten kann.

Die Luft ist von Licht durchwirkt. Beide Elemente gehören zusammen. Sie umspielen das grüne Blatt, den Aufbau der lebendigen Substanz bewirkend. Das Getreide ist ihnen innig zugewandt, seine zarte Gestalt ist für Luft und Licht gebildet. Wir erleben es, wenn der Wind über ein Getreidefeld streicht und das Licht über den Ähren flimmert. Die Bestäubung, vom Wind besorgt, geschieht im Wesensbereich der Luft.

Hatten wir im chemischen Äther ein Element gesehen, das die Prozesse des Keimens und Wachsens der Getreidepflanze maßgeblich impulsiert, wobei Lichtkräfte mit hineinwirken, so entfaltet sich das eigentliche Lichtätherwirken im Bereich der Ähre mit der fein durchformten Blütenbildung und der Bestäubung.

Als viertes Element zur Entstehung und Erhaltung des Lebens tritt die Wärme hinzu. Mit ihr bringen wir eine besondere Qualität der ätherischen Bildekräfte, den *Wärmeäther*, in Verbindung. Durch die Wärme wird die Reifung des Korns eingeleitet.

Der Wärmeäther wirkt in allen Prozessen des Lebendigen, ohne Wärme gibt es kein Leben. Er bringt Bewegung in die Funktionsabläufe und schafft damit die Voraussetzung für das Eingreifen des chemischen Äthers. Die Blüte wird von Wärme umwoben, die Früchte reifen im wärmenden Glanz der Sonne. Auch das Getreidekorn braucht die Wärme zu seiner Entwicklung und Ausreifung. Es sind gleichsam feine Röst- und Kochprozesse, durch die sich das wärmeätherische Element mit dem Korn verbindet.

Die letzte Phase im Werdegang der Getreidepflanze erleben wir im ausgereiften Korn. Hier begegnen wir wieder der Art von Bildekräften, die wir Lebensäther nennen. Im Samen, der gleichsam aus dem Feuerprozeß der Reifung hervorgegangen ist, bei dem alles Wäßrige – und damit der Chemismus – zurückgedrängt wurde, vereinigt sich die verhärtende, mineralisierende Tendenz mit einer intensiven Vitalität. Der Lebensäther ist das lebenspendende Element an sich, das alle Arten der Bildekräfte umschließt. Somit ist er nicht auf eine einzige Entwicklungsphase der Getreidepflanze beschränkt.

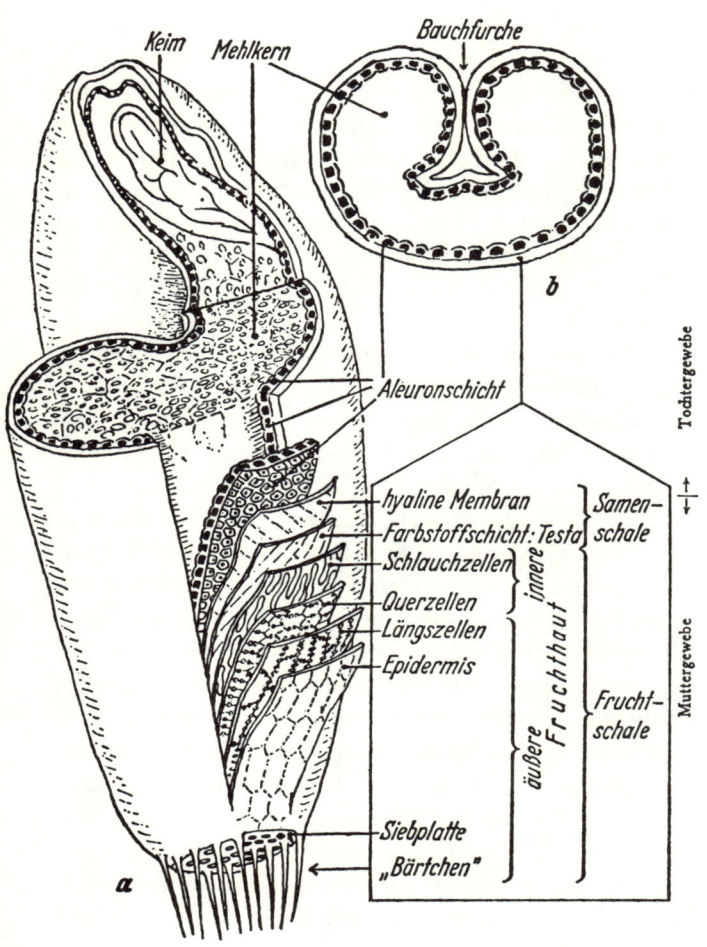

Schematischer Bau des Weizenkorns

Das Getreidekorn

Untersuchen wir das Getreidekorn, das uns zur Nahrung dient, einmal näher. Wir unterscheiden den eigentlichen Keim, den Mehlkörper und die Randschichten (siehe Zeichnung). In diesen drei Gliedern finden wir Wirksamkeiten der ganzen Pflanze, die wir dreigliedrig begreifen können. Wir unterscheiden Wurzel, Stengel mit Blatt, Blüte mit Frucht. Drücken sich diese drei Teile auch im Korn aus?

Die Randschichten sind vor allem durch das Mineral geprägt, in ihnen finden wir die Wirkung der Wurzelkraft; im Mehlkörper ist die Stärke angereichert, die in den Blättern assimiliert wurde; der Keim repräsentiert die eigentliche Frucht, den Samen.

Die Hüllen dienen nicht nur dem Schutz des Korns, sonst wären sie gewiß nicht so fein differenziert. Wir unterscheiden sieben Schichten. Die äußere erinnert an den Kieselmantel der menschlichen Haut, sie trägt die Signatur des Bergkristalls und der Bienenwabe, ihr folgen Zellen, die in Längs- und Querformen rhythmisch gegliedert erscheinen; dann finden wir eine sogenannte Schlauchzellenschicht, deren Struktur an Drüsengewebe erinnert, ohne natürlich eine derartige Funktion erfüllen zu können. Der Name der nächsten Schicht, der Pigmentschicht, deutet auf eine Lichtbeziehung, denn Pigment tritt ja unter dem Einfluß von Licht auf. Auch die darunterliegende hyaline Zone erinnert an ein durchscheinendes Element. Die Aleuronschicht schafft den Übergang zum Mehlkörper und Keim, sie setzt sich aus großen würfelförmigen Zellen zusammen, die neben den Mineralien Vitamine und Eiweiß enthalten.

Die gesamten Hüllen sind von den sogenannten Spurenelementen durchwirkt. Das sind Metalle und Mineralien, oft in allerfeinster Verdünnung, aber so aufeinander abgestimmt, daß sich eine höhere Ordnung darin spiegelt und der Mineralhaushalt des Menschen durch Getreidenahrung angeregt wird.

Unter den Mineralien ist am stärksten der *Kiesel* vertreten; in der Asche finden wir 70 Prozent. In seiner reinsten Form, dem Bergkristall, zeigt uns der Kiesel seine Beziehung zum Licht sowie seine Härte und Stützfunktion. Er schließt die Pflanze auf für Licht und Wärme der Sonne. Das macht man sich in der biologisch-dynamischen Wirtschaftsweise zunutze: spritzt man das «Hornkieselpräparat» auf die Blätter, grünen diese satter und werden größer; auch steigt der Ertrag an Früchten, denn die Assimilation von Stärke wird angeregt.

Die Verbindung der Getreide mit dem Kieselprozeß drückt sich in der statischen Kraft des Halms aus wie auch in der Form der zarten, bis ins Kleinste durchgestalteten Ähren, deren Grannen wie ein «Versprühen» des Kieseligen anmuten.

Der *Mehlkörper* verdankt seine Bildung auch dem Licht; denn die Stärke als Kohlenhydrat ist – wie Bircher-Benner es einmal ausdrückte – «kondensiertes Licht». Sie entsteht im Blattgrün und wird von dort ins Korn geleitet. Beim Keimen wird die Stärke in Zucker verwandelt, doch kann dieser für die Stoffwechselprozesse im *Keimling* nur wirksam werden, wenn die vielstimmige Kräftewelt der Randschichten das Ihrige dazu tut.

Der Keimling selbst ist – zusammen mit der Aleuronschicht, die gewissermaßen zwischen allen drei Teilen des Korns vermittelt – ein wertvoller Eiweiß- und Fettträger.

Alle Teile des Korns zusammen sind mit Eiweiß, Fett, Kohlenhydraten und Mineralien in einer einzigartigen

Komposition zusammengefügt. Und diese ist ganz auf den menschlichen Organismus gestimmt: Das Getreide nährt den Menschen an Haupt und Gliedern. Oder wie Werner Kollath[16] es in einem Buchtitel formulierte: «Getreide und Mensch – eine Lebensgemeinschaft.»

Wirksamkeit des Getreides im Menschen

Die Fragen nach den Wirkungen der Getreideernährung auf den Menschen wollen wir ordnen gemäß der Dreigliederung des menschlichen Organismus. Dabei ist zu unterscheiden:

Der Nerven-Sinnesbereich, der vorwiegend im Haupt lokalisiert ist,
das Stoffwechselsystem, dem die Bauchorgane dienen,
Herz und Lunge, welche zwischen den beiden polaren Bereichen einen Ausgleich schaffen.

Was hier als Grundlegendes gegeben wird, soll später bei Betrachtung der einzelnen Getreide näher ausgeführt werden. Es ist aufzuzeigen, wie jede der sieben Arten, über das Allgemeine hinausgehend, besondere Akzente setzt.

Nerven-Sinnesbereich

Wir wiesen schon darauf hin, daß sich im Getreidekorn vorzugsweise Wurzelkräfte ausprägen, die das Mineralische des Pflanzenwachstums bestimmen.
Im Menschen zerfällt bei der *Gedankenbildung* das Eiweiß der Nervenzelle. Salze durchsetzen das Nervenge-

webe, nicht grob stofflich, sondern in feinster Verdünnung. Das Denken stützt sich auf derartige Mineralisierungsprozesse im organischen Bereich. Sie entsprechen dem, was die Wurzel in der Pflanze tut; wir sahen, wie sich in der Fülle der Wurzelhärchen das Getreide mit dem mineralischen Element der Erde besonders intensiv auseinandersetzt. Auch das sind Mineralisierungsprozesse. Darum können wir mit einer Getreideernährung die entsprechenden Prozesse im menschlichen Gehirn unterstützen. In erster Linie wirkt hier der Kiesel.

Das hat sich uns in jahrelangem Umgang mit Getreideernährung immer wieder praktisch bestätigt. Die Versuchspersonen erhielten drei Mahlzeiten am Tag auf der Grundlage des vollen Korns und teilten bei dieser Kost übereinstimmend mit: Wir sind den ganzen Tag über bis in den Abend hinein besonders wach in den Sinnen, das Denken fällt uns leicht. Das begrüßten sie zumeist schon nach wenigen Tagen als herausragendes Symptom.

Wir konnten diese Angaben mit modernen Testverfahren wie dem Pauli- und Meilitest objektivieren. Wenn wir dann für eine Zeit – meist drei Wochen – auf eine konventionelle Kost mit Fleisch und Kartoffeln übergingen, war eine Erhöhung der Konzentrationsfähigkeit nach dem Essen nicht mehr zu konstatieren.

Unter den Sinnesfunktionen ist für die Ernährung besonders der Geschmackssinn wichtig. Auch er wird durch Getreideernährung geschärft, wie unsere Versuche gezeigt haben. Hierbei spielen die *Kieselprozesse* eine tragende Rolle. Bei Rudolf Steiner[17] finden wir eine entsprechende Angabe: «Hätten wir nicht den Quarzsaft in uns, dann könnten wir zum Beispiel noch soviel Zucker essen – wir hätten niemals einen süßen Geschmack im Mund. Das macht der Quarz, den wir in uns haben, aber nicht durch seine Stofflichkeit, sondern durch das, daß der Wille in ihm ist, sechseckig zu werden als Kristall. Das macht es. Darauf kommt es an... Diese Kraft, sechseckige Gestaltungen hervorzubringen, die braucht der Mensch.»

Dabei werden wir auf das Problem der Begegnung von Geist und Stoff gewiesen. Der Kiesel hat die Tendenz, sechseckige Kristalle zu bilden. Durch die Gegenkraft, die das Ich aufbringen muß, um eine solche stoffliche Verdichtung im Körper zu verhindern, wacht es gewissermaßen zur Sinnestätigkeit im leiblichen Bereich auf.

Außer den bekannten Sinnesvorgängen zur Erfassung der Außenwelt durchzieht noch ein andersartiges Sinnesleben den gesamten menschlichen Organismus. Die Organe stehen miteinander in Wechselwirkung, indem eines das andere wahrnimmt, nur bleibt die Wahrnehmung unter der Schwelle unseres Bewußtseins. Durch eine richtige Verteilung der Kieselsäurewirkungen kommt es zu einem harmonischen Zusammenklang der Organfunktionen. Man kann so von einem «Kieselsäureorganismus» sprechen, der in den Gesamtorganismus eingegliedert ist.

Die Organtätigkeit darf nicht im Bewußtsein spürbar sein. Darum hat die Kieselsäure die Aufgabe, den Ernährungs- und Wachstumsvorgängen in der rein vitalen Sphäre eine Grenze zu setzen. Wie durch die Haut nach außen, so erfolgt durch die Kieselsäure auch nach innen ein Abschluß. Und zwischen diesem inneren und äußeren Grenzgebiet entfaltet sich die physische Grundlage des Bewußtseins[18].

Das vegetative Nervensystem dient gleichfalls der Aufgabe, die Macht der Organtätigkeit nicht in die Sphäre dringen zu lassen, in der sich Bewußtsein entfaltet. Wir dürfen annehmen, daß bei der sogenannten vegetativen Dystonie die Schranke, die dieses System mit Hilfe des

Kieselorganismus aufgerichtet hat, durchbrochen ist und der Mensch daher von seinen Organtätigkeiten zu viel wahrnimmt, beziehungsweise die Organe durch Übergriffe aus dem Bereich des Seelischen gestört werden.

Die Kieselprozesse bedürfen der Anregung durch die Ernährung. Dabei kommt es nicht so sehr auf eine substantielle Zufuhr von Kieselsäure an, sondern auf eine Nahrung, in der dem Menschen ausreichend Kieselprozesse in entsprechenden Pflanzen vermittelt werden.

Die Kost des modernen Menschen ist arm an Kieselsäure, der Gehalt im Getreide, das künstlich gedüngt wurde, geht zudem erheblich zurück. Hier kann der substantielle Gehalt ein Maßstab dafür sein, wie intensiv das prozessuale Geschehen in der Pflanze sich abspielte.

Der Kiesel dient dem Organismus auch als Träger von *Gestaltungskräften*. Er findet sich stofflich in kleiner Menge im Blut, wo die Gestaltung aber noch nicht ausgetragen ist, sich noch keimhaft in einem Status nascendi hält. Der Weg seiner Wirkungen erstreckt sich jedoch sehr weit, bis in den Bereich, wo das Lebendige leblos wird und ein fest umrissenes Gefüge erhält: Man trifft Kiesel in Form von Kieselsäure in der Haut, den Haaren, aber auch in den Knochen und Zähnen sowie im Bindegewebe, im Bandapparat der Gelenke und in den Bandscheiben der Wirbelsäule. Hier findet die Gestaltungskraft des Organismus nach außen wie auch nach innen ein Ende.

Um zu einem Verständnis der Aufgabe der Kieselsäure zu gelangen, müssen wir unsere geläufige Vorstellung einer mechanischen Stützfunktion erweitern. Die Kieselsäure kann nur dadurch Gestaltungskräfte tragen, daß sie nicht sofort und für immer als gewordene Substanz auftritt, sondern sich in einem ständigen Fluß von Bilden und Entbilden, von Aufnehmen und Ausscheiden bewegt. Vom Kopf her wirkt fortwährend die Tendenz, sechseckige Kristalle zu bilden; dem stellt sich das Ich entgegen und hebt diese Tendenz im Status nascendi wieder auf[17]. So kommt es nicht zur Entstehung der eigentlichen Kieselstruktur. In dem dynamischen Geschehen erhält aber das Ich die Möglichkeit, mit seinen Gestaltungskräften den leiblichen Bereich zu ergreifen. Die Gestaltungskräfte werden vom Ich gelenkt; das Ich bestimmt die Gestalt des Menschen.

Wie der Mensch die Wärme in sich belebt und steuert, so trägt er auch als Teil seines ätherischen Wesens ein *Lichtelement* in sich. Dieses ist zwar den lichtätherischen Kräften der Außenwelt verwandt, bildet aber, indem es sich zum Seelischen wandelt, etwas Neues und in gewisser Beziehung Entgegengesetztes aus, denn es ist zum individuell Menschlichen hin orientiert. Es muß gegenüber dem äußeren Lichtäther, mit dem es in dauernder Kommunikation durch die Sinne, die Haut und die Nahrung steht, sein Eigensein behaupten, das heißt das äußere Licht muß vor seiner Aufnahme in den inneren Bereich des Menschen umgewandelt werden. Hierbei übernehmen Kieselprozesse die Vermittlung.

Damit berühren wir wiederum das Grundmotiv der menschlichen Existenz: Die innere Substanzbildung ist eine eigenständige Reaktion auf einen von außen heranflutenden Reiz. Sie ist mehr als die Umwandlung eines äußeren in ein Inneres: eine Neuschöpfung aus den Kräften des menschlichen Ich-Wesens. – Herbert Sieweke schreibt zu dieser Thematik: «Wie also der Mensch einen Substanz-Entstehungs-Prozeß unterhält, ihn durch die Nahrungsaufnahme anregt und entzündet, so entwickeln er einen Licht-Bildungs-Prozeß in sich, der durch ein tätiges Empfangen der äußeren Lichtwelt aktiviert wird.»[19]

Der Lichtstoffwechsel dient der Organbildung. Wie die

Pflanzen aus dem Sonnenlicht «gewoben» sind, so sind auch die menschlichen Organe auf ihre Art aus dem Lichtäther herausgebildet. Herbert Sieweke formuliert dies in dem erwähnten Buch: «Licht-Äther-Kräfte schaffen die Gestaltbilder der Organe.» Ein sinnenfälliges Gegenbeispiel hierzu bietet die Rachitis, bei der infolge von Lichtmangel die Knochen, also jene Organe, die sich am stärksten in die Form hinein entwickeln, erweichen und ihre Form verlieren. Die gestaltbildenden Prozesse sowie die gleichfalls an den Kiesel gebundene Lichtwirkung gehen vom Haupte aus. Über die Bildung des Nervensystems aus den Kräften des Lichtes soll im Kapitel über den Weizen berichtet werden.

Nachdem wir als Grundlage der Gedankenbildung eine feine Mineralisierung angenommen hatten, fragen wir nun nach den Vorgängen, welche die eigentliche Lebenstätigkeit unterhalten. Es sind Verbrennungsprozesse, oder anders gesagt: Es ist eine Veratmung der Kohlenhydrate, des *Zuckers*. Der Stoffwechsel im Gehirn ist ein Zuckerstoffwechsel.

Das Gehirn ist auf eine regelmäßige Zufuhr von Zucker durch das Blut angewiesen; es reagiert äußerst empfindlich auf einen Mangel an Blutzucker-Zufuhr. Ist zu wenig Zucker im Blut, wie etwa bei zu hohen Insulingaben, erschrecken uns schwere Ausfälle der Gehirnfunktion mit Bewußtlosigkeit. Aber auch schon eine leichte Senkung des Blutzuckerspiegels setzt die Fähigkeit, sich zu konzentrieren, herab. Das wurde beispielsweise beobachtet nach einem konventionellen Frühstück mit Weißbrot und raffiniertem Zucker. Einem kurzen Anstieg des Blutzuckers folgt da eine reaktive Phase der Unterzuckerung. Dagegen hält sich nach einer Vollkornmahlzeit der Zuckerspiegel lange Zeit über der Norm.

Der Zucker kann seine Funktion im Gehirnstoffwechsel aber nur erfüllen, wenn ihn gewisse Stoffe begleiten, die man unter dem Namen *Vitamin B-Komplex* oder Thiamin zusammenfaßt. Nun ist es wundersam gefügt, daß sich diese Substanzen gerade in der rechten Dosis in den Randschichten des Getreidekorns finden. Dort sind sie nötig, wenn das Korn zu keimen beginnt, die Stärke in Zucker übergeführt wird und nun zusammen mit Eiweiß, Mineralien und Fetten dem Aufbau des Keimlings dient. Die gleichen Prozesse sind im Gehirn zu beobachten. Was in der Pflanze zur Bildung des jungen Keimes führt, schafft im Menschen die substantielle Grundlage für die Gedankenbildung. Sorgenvoll muß es uns da stimmen, daß 70 Prozent aller Schulkinder nach amtlicher Schätzung des Ministers für Familie und Gesundheit in Deutschland einen Mangel an Vitamin B 1 aufweisen. Die Ursache ist leicht zu erraten: Man verzehrt nur etwa 5 Prozent des Getreides als volles Korn, das Übrige als raffiniertes Weißmehlprodukt. Wir dürfen uns also nicht wundern, wenn so viele Kinder unruhig und zappelig sind und sich schwer konzentrieren können.

In der Muskulatur spendet der Zucker die Energie für die Bewegungskraft. Aber auch hier kann er seiner Aufgabe nur gerecht werden, wenn er von den genannten Substanzen begleitet wird. Die Beri-Beri-Krankheit, die nach dem Polieren vom Reis auftrat, führte in Ländern mit Reis als Hauptnahrungsmittel durch Lähmung der Zwerchfellmuskulatur zum Tode. Leichte Mangelerscheinungen, wie sie bei uns konstatiert werden, zeigen sich als Antriebslosigkeit und Schwäche.

Die Stärke in der Pflanze wird aber nicht nur den Weg zur Verwandlung in Zucker geführt, sondern kann auch verdichtet werden zu Zellulose, ja bis zum Holz. Damit verleiht sie einem Gewächs Form und Halt, zusammen mit dem Kiesel als dem Medium, durch das die gestaltgebenden Kräfte in die Stoffeswelt plastizierend und formgebend hineinwirken können. Dieser Aufgabe der *Gestaltbildung* dienen die *Kohlenhydrate* auch im Menschen, indem sie sich zum Bindegewebe verdichten. Die plastizierende Kraft aber geht vom Haupt aus und wird auch dort durch den Kohlenhydratstoffwechsel angeregt. Nach den Forschungsergebnissen Rudolf Steiners dienen die Kohlenhydrate der Anregung von Funktionen bestimmter Hirnteile, von denen Gestaltungskräfte für den gesamten Organismus ausgehen. «Wenn wir keine Kohlehydrate essen würden, so würden wir alle möglichen Verzerrungen der menschlichen Gestalt haben... Und wenn der Mensch so organisiert ist, daß er die Kohlehydrate nicht ins Gehirn hineinbringt..., dann verfällt der Mensch. Dann sieht man, wie der Mensch allmählich zusammenfällt, wie er in sich zusammensinkt, wie er schwach wird, wie er gewissermaßen seine Gestalt nicht mehr aufrechterhalten kann.»[20]

In diesem Zusammenhang weist Rudolf Steiner ausführlich auf das Getreidekohlenhydrat hin. Von derartigen Gedankengängen läßt sich zu modernen medizinischen Anschauungen eine Brücke schlagen. Denn es ist bekannt, daß vom Gehirn, vermittelt durch die Nerven, gestaltende und ernährende Impulse für alle Teile des Organismus ausgehen. Man spricht von einer trophischen Aufgabe der Nerven. Bei Nervenschäden entsteht das Bild einer «trophoneurotischen» Störung, bei der Formveränderungen und Verkümmerung eintreten. Bei Störungen gewisser Zentren wie der Hypophyse sind Gestaltveränderungen bekannt. Diese Krankheiten werden allerdings nicht auf den Kohlenhydratstoffwechsel im

Gehirn bezogen. Doch wenn dieser, wie es von einigen modernen Gehirnphysiologen gesehen wird, eine maßgebliche Rolle im Stoffwechsel der Nerven spielt, ist er auf jeden Fall wesentlich beteiligt.

Auch die Kraftwirkungen der Kohlenhydrate, wie Muskel- und Organbewegungen, auf welche schon bei der Beschreibung des Zuckerprozesses im Blut hingewiesen wurde, erfahren vom Gehirn aus ihre Impulse. Doch ist niemals ein Substanzprozeß für sich allein zu betrachten. Darum erinnern wir an unsere Darstellungen des Kiesels.

Stoffwechselsystem

Die Stoffwechseltätigkeit zielt auf eine Verwandlung, ja zunächst Auflösung der Nahrungssubstanzen hin. Dabei bedient sie sich der Wärme und des Saftstroms. In allen organischen Vorgängen verwirklicht sich aber zugleich auch ein geistig-seelisches Element. Jede Drüsenabsonderung, jede Erwärmung ist menschengemäß orientiert, ist ohne das Prinzip eines sich ständig verleiblichenden Ich-Wesens nicht zu verstehen. Welche Kraft der Seele ist es, die im Stoffwechsel wirkt und zu Auflösung und Erwärmung führt? Wir sahen bei der Betrachtung der physiologischen Abläufe im Gehirn: Hier werden Lebensprozesse abgelähmt, es fällt Salzartiges, Mineralisches, aus – darin finden wir die leibliche Grundlage der Gedankenbildung. Die wärmehafte, den Stoff wegschaffende Kraft, um die es im Stoffwechsel geht, ist verbunden mit dem Wollen. Nicht in Salzprozessen wie im Nervensystem findet dieses seinen primären stofflichen Ansatz, sondern in der Aufhebung substantieller Festigkeit gründet sich im Leiblichen die Willensbildung. Wenn wir hier vom Wollen sprechen, meinen wir nicht die bewußte Lenkung und Ausrichtung des Willens, sondern seinen eigentlichen Vollzug, der tief unter der Schwelle des Bewußtseins eingreift.

Diese menschenkundliche Aussage formulierte Rudolf Steiner in seinem Buch «Von Seelenrätseln»[21] mit naturwissenschaftlicher Exaktheit. Seither haben viele seiner Schüler diese geistigen Inhalte in sich belebt und sie als höhere Wirklichkeit intuitiv erfahren. Erreichen sie dabei nur den Wert einer Hypothese oder können sie auch für die Lebenspraxis Bedeutung gewinnen und sich in ihr bestätigen? Antworten auf diese Frage werden sich uns im Verlauf der weiteren Betrachtungen immer wieder ergeben.

Wie zur Untersuchung der Nerven- und Gehirnfunktion Denken und Sinnestätigkeit gehören, so muß also bei der Schilderung des Stoffwechselgeschehens die geistig-seelische Wirklichkeit des Wollens stets mit einbezogen werden.

Im Stoffwechsel herrscht Bewegung. Das Kauen der Bissen, die Peristaltik von Magen und Darm, die Tätigkeit der Verdauungsdrüsen, der Säftefluß, die Umsetzungen in der Leber – immerwährender Abbau und Aufbau. Im Haupte dagegen waltet Ruhe; die Gedanken führen zu geschlossenen, überschaubaren Bildungen. Im Wollen drängt alles weiter, in stetem Fluß.

Nun hängt es wesentlich von der Ernährung ab, ob der Organismus ausreichend aktiviert wird. Das Getreide erfüllt diese Aufgabe in hohem Maße. Schon beim Kauen verlangt es einen kräftigen Einsatz. Ein Bissen Vollkornbrot, ein Schrotbrei oder gut ausgequollene ganze Körner fordern den Menschen zum intensiven Gebrauch der Zähne auf. Für die Beweglichkeit des Darmes sorgen die «Ballaststoffe» des Getreides. Der Name ist irreführend; man sah früher die Randschichten des Getreides als belastende, überflüssige Beigabe an. In letzter Zeit hat man erkannt, daß lebenswichtige Stoffe wie Mineralien, Spurenelemente und Vitamine in den Randschichten enthalten sind, die man früher als Kleie abtat und dem Vieh fütterte. Für unsere Betrachtungen der Beweglichkeit des Darmes ist es von Bedeutung, daß die Randschichten die sogenannte «Hemizellulose» enthalten, eine Zelluloseart, die im Darm voluminös aufquillt und, ohne die Darmwände zu reizen, lediglich durch den Druck der Füllung die Peristaltik anregt.

Wie steht es nun mit dem Element der Bewegung im inneren, dem eigentlichen Stoff-Wechsel? Es wird angefacht durch eine Art Verbrennung der Kohlenhydrate. Das Eiweiß dient dem Aufbau der Organe, das Fett der Wärmebildung, die Kohlenhydrate bringen den Stoffwechsel in Gang; man benutzt in der Physiologie die Formulierung: «Die Fette verbrennen im Feuer der Kohlenhydrate».

Mit welchen Nahrungsmitteln nehmen wir vorwiegend Kohlenhydrate zu uns? Mit dem Brotgetreide. Es liefert, allerdings nur als volles Korn verarbeitet, alle Substanzen, die für die Weiterverarbeitung notwendig sind. Diese sind in anderen Nahrungsmitteln wie etwa der Kartoffel nicht in gleichem Maße enthalten.

Der Weg des Kohlenhydratabbaus führt über die Stärke zum Zucker, der durch das Blut in die verschiedenen Bereiche des Organismus strömt. Es wurde bereits auf den Zuckerstoffwechsel im Gehirn und Nervensystem hingewiesen.

In ähnlicher Weise wird der Zucker in der Muskulatur

gebraucht (siehe Seite 48). Die Muskulatur bestimmt als das entscheidende Organ für die Bewegung durch ihre Funktionstüchtigkeit die Kraft, mit welcher der Mensch die Aufgabe des Lebens ergreift. Aber nicht nur die Stärke oder Schwäche des Körpers ist da entscheidend, auch Seelisches spielt mit: Die Kraft des Wollens greift in die leiblichen Prozesse ein. Hier ereignet sich «Psycho-Somatik». In die Verbrennung des Zuckers, in die Wärme, die Auflösung, greift das Wollen ein, es verwirklicht sich in der Tätigkeit des Leibes.

Lenken wir nun wieder den Blick auf die Getreideernährung. Wie schon mehrfach betont: Die Kohlenhydrate des Getreides sind so genau auf den Menschen abgestimmt und so reichhaltig von den verschiedenen Vitalstoffen umgeben, daß durch Getreideernährung die Muskeltätigkeit kraftvoll impulsiert wird. Dadurch ist der Boden bereitet, auf dem sich im Leibe ein starkes Wollen entfalten kann.

Im Wollen verbindet sich die Ich-Wesenheit des Menschen – tief unter der Schwelle des Bewußtseins – mit dem Leibe. Dazu sind weitere substantielle Verwandlungen nötig wie zum Beispiel der Eisenprozeß, der, durch das Blut herangetragen, gleichsam wegbereitend für den Einstieg des Ich in die Stofflichkeit wirkt. Für die Eisenzufuhr ist die Getreideernährung von großer Bedeutung.

Das Hauptstoffwechselorgan ist die Leber. Auch diese baut ihre Tätigkeit auf einem Kohlenhydratstoffwechsel auf, indem sie aus dem Blutzucker ihr Glykogen bildet, das ist eine sogenannte «tierische Stärke». Wie in einem Atemprozeß wechselt die Leber ständig zwischen Aufbau und Abbau des Glykogens.

Wieder finden wir hier eine Verbindung zur Willensentfaltung. Leberstörungen gehen oft mit Antriebsschwäche einher, bis zu schweren depressiven Verstimmungen. Die Getreideernährung hat hier ihren Heilwert.

Die Leber ist ferner ein zentrales Organ im Wärmehaushalt des Organismus. Viele Zivilisationskrankheiten wie Rheuma, Sklerose und Krebs haben ihre Ursache in einer schwachen Wärmebildung. Auch hier hat die Ernährung mit Getreide eine grundsätzliche Bedeutung.

Herz- und Lungensystem

Zwischen den polaren Gegensätzen, dem Nerven-Sinnessystem und dem Stoffwechsel wirken ausgleichend die rhythmischen Funktionsordnungen von Herz, Kreislauf und Lungen. Was von unten, gelöst und undifferenziert, nach oben drängt, was von oben konturierte Formen zu setzen trachtet, wird durch die Rhythmen von Blutkreislauf und Atmung aufgefangen und in lebendige Verbindung gebracht. Rhythmus vermittelt zwischen außen und innen, oben und unten. Dadurch entsteht ein eigener dritter Bereich in der Region der Brust.

Verwirklicht sich in diesem System auch eine Seelenqualität, wie wir dem Haupt das Denken und dem Stoffwechsel das Wollen zuordnen konnten? Hier findet das Fühlen seine leibliche Verankerung. Es ist mehr als eine poetische Floskel, wenn wir an unsere Brust schlagen, um die Aufrichtigkeit unserer Gefühle zu beteuern. Wir kämen wohl kaum auf den Einfall, bei solcher Gelegenheit an unseren Kopf zu tippen oder mit dem Fuß aufzustampfen wie bei der Betonung eines Willensentschlusses.

Die rhythmische Mitte des Organismus ist ihrer ganzen Veranlagung nach urgesund. Von ihr, besonders der Atmung, gehen alle heilenden Kräfte aus. Kränkende Einflüsse kommen stets von den beiden anderen Bereichen: entweder durch ständige Einbrüche in die Sinnessphäre wie Reizüberflutung durch Lärm, grelles Licht, chaotisches Denken, Streß-Situationen, Überformungen und Verhärtung – oder andererseits durch fehlgesteuerte Stoffwechselprozesse, Darmstörungen («der Tod sitzt im Darm», sagten die alten Ärzte). Hierher gehören auch chronisch entzündliche Prozesse, sogenannte Herdinfektionen, die das Herz krank machen können.

Durch einen zu schwachen Stoffwechsel werden oftmals verhärtende Tendenzen, die vom Haupt einstrahlen, nicht genügend aufgefangen. Das rhythmische System ist dann in seinen Ausgleichfunktionen überfordert.

Wie wirkt die Ernährung – insbesondere mit Getreide – in diesen Zusammenhängen? Der Kieselgehalt der Getreidenahrung stärkt die Sinnesfunktionen und mildert dadurch die oben erwähnten Einbrüche von außen. Die Salzprozesse, die sich beim Denken im Gehirn abspielen, werden harmonisiert in der lebendigen Dynamik des Mineralischen im Getreidekorn; dadurch wird die Gefahr einer zu starken Verhärtung gebannt.

Andererseits regen die Kieselprozesse des Getreides Formkräfte im Organismus an und stärken dadurch Herz und Lungen. Rudolf Steiner wies darauf hin, daß sich die Lungentuberkulose in Europa erst ausbreiten konnte, als das Getreide von der Kartoffel verdrängt wurde.

Auf die Belastung des «mittleren Menschen» vom Bauchraum her wurde bereits hingewiesen. Nicht beherrschte Stoffwechselprozesse im Magen-Darm-Bereich wirken irritierend auf Herz und Lungen. Das läßt sich nachweisen durch Kontrolle der Verhältniszahl von Puls- und Atemfrequenz. Diese ist je nach Konstitution des

Menschen etwa auf 4 :1 gestimmt, das heißt: auf 4 Pulsschläge kommt ein Atemzug. Nun ist dieser sogenannte Puls-Atemquotient von der Ernährungsweise abhängig. Versuche haben gezeigt, daß eine schlecht bekömmliche Mahlzeit den Quotienten aus seinem Gleichgewicht bringt, während ihn eine gesunde Nahrung in der Norm hält, ja, ihn gegebenenfalls an die Norm 4 : 1 näher heranführt.

In dieser Beziehung hat sich die Getreidekost besonders bewährt. Sie ist ja im Sinne unserer Betrachtungen eine «menschengemäße» Nahrung. Das heißt: die Eigenart der menschlichen Verdauungskapazität ist vollständig auf das Muster Getreidekorn eingespielt.

Nun wirkt die Getreidenahrung aber nicht nur indirekt auf Herz und Lunge über den oberen beziehungsweise den unteren Bereich des Organismus, sondern auch direkt. Hier ist als Träger eines besonderen Kräftewirkens eine Substanz zu erwähnen, die in den Randschichten des Korns enthalten ist: das *Magnesium*. Dieses Element hat – wie es die Schulwissenschaft ausdrückt – eine Schlüsselfunktion bei der Überleitung des Nervenreizes auf den Herzmuskel. Fehlt es, treten Störungen der Funktion des Herzmuskels auf, die sich bis zum Herzinfarkt steigern können. Man sieht im Magnesiummangel der Nahrung eine der Hauptursachen dieser bedrohlichen Zivilisationserkrankung. Durch Verzehr von Vollkorn wäre hier Abhilfe zu schaffen.

Eine andere Substanz von Bedeutung für Blutkreislauf und Atmung ist das *Eisen*. Jedes Blutkörperchen ist gewissermaßen durch einen Eisenkern gehalten, das Eisen bindet den Sauerstoff bei der Atmung und trägt ihn mit dem kreisenden Blut dorthin, wo er im Organismus gebraucht wird. Einer der verläßlichen Eisenlieferanten in der Nahrung ist das Vollkorn.

Dies wurde während des letzten Weltkrieges in der Schweiz quasi in einem Großversuch belegt[22]. Durch Notverordnung wurde das Mehl besser ausgemahlen, die Mastviehhaltung eingeschränkt und mehr Getreide verzehrt. Die Folge war: Der Eisenspiegel stieg bei einem großen Teil der Bevölkerung, besonders bei den Kindern erheblich an.

In einem Vortrag[23] vor Arbeitern am 18. Juli 1923 in Dornach deutet Rudolf Steiner auf ein okkultes Forschungsergebnis hin, das besagt, das menschliche Herz sei aus den gleichsam zusammengepreßten Kräften des Lichtes entstanden und würde aus diesen ständig erneuert. Dazu bedarf es der Anregung durch die Lichtkräfte der Nahrung.

In diesem Zusammenhang zeigt sich die Bedeutung der Lichtqualität unserer Speisen. Die Pflanzen leiden heute allgemein an einem bedrohlichen Lichtmangel. Sie sind durch die massige Düngung zu kompakt und voluminös geworden, so daß ihnen die Sensibilität für das Licht fehlt. Die biologisch-dynamische Wirtschaftsweise erzielt insbesondere mit einem Kieselpräparat eine erhöhte Aufnahmebereitschaft für das Licht.

Im menschlichen Organismus wird ständig Substanz ausgewechselt. Beim Neuaufbau ist ein inneres Lichtwirken im Menschen beteiligt als Tätigkeit eines individuellen Lichtorganismus, der wie der physische Organismus mit der Umwelt kommuniziert und der Anregung durch die Nahrung bedarf.

Das Getreide ist tief von Lichtwirksamkeit durchdrungen und kann daher auch als Nahrungsmittel Lichtfunktionen im menschlichen Organismus anregen.

Die Schilderung der Wirksamkeiten des Getreides auf die drei Bereiche des menschlichen Organismus konnte nicht über den Charakter einer Skizze hinausgehen. Bei der Betrachtung der sieben Getreidearten wird diese dann feiner ausgezeichnet werden.

Zum Abschluß dieses Kapitels ist nur noch ein Problem anzuführen, das für die Erkenntnis der Wirksamkeit des Getreides im Menschen Bedeutung hat. Es ist die Frage zu stellen: Inwieweit wird das Getreide im menschlichen Organismus abgebaut, aufgenommen und verwertet? Die Antwort fällt bei den einzelnen Menschen verschieden aus. Wer seit seiner Kindheit an voll ausgemahlenes Getreide gewöhnt ist, wird die Körnerfrüchte besser ausnutzen können als jener, der sich erst später den Vollkornspeisen zuwendet. Jedoch ist bei entsprechender Zubereitung der Vollkorngerichte in jedem Fall eine Anpassung möglich.

Eine Rolle spielt hierbei das Phytin. Dieses ist eine Phosphorverbindung im Getreide, die mit Kalzium, Eisen und Magnesium schwer lösliche Substanzen bildet, die sich im Darm der Resorption entziehen. Der menschliche Organismus gewinnt jedoch durch Gewöhnung an den Vollkorngenuß die Fähigkeit, ein Enzym, die sogenannte Phytase zu bilden, die das Phytin spaltet und dadurch günstige Resorptionsbedingungen schafft. Die Phytase kommt auch im Korn selbst vor und kann durch geeignete Backverfahren, wie länger dauernde Teigführung und durch drei- bis vierstündiges Einweichen von Vollkornschrot wirksam werden[24].

II.
DIE SIEBEN GETREIDE IN NORMALKOST UND DIÄT

Der Weizen

Aus der Geschichte

Der Weizen ist das bevorzugte Getreide der alten persischen Zeit. Die Religion jener hohen Kulturepoche war eine Sonnenreligion. Sie geht auf den Eingeweihten und Priesterkönig Zarathustra zurück, der in der Sonne eine hohe geistige Wesenheit, Ahura Mazdao, verehrte. Man empfing den Weizen als Gabe dieser Gottheit. In der Mazdaznan-Diätetik, die an die alten Lehren von Zarathustra anzuknüpfen versucht, wird der Weizen als höchstes Erzeugnis der Getreidezucht gepriesen.

Während der persischen Kulturepoche wußten die Menschen noch, daß in den Nahrungsmitteln kosmische Kräfte der Sonne wirksam sind und daß, wenn der Mensch diese Nahrung zu sich nimmt, die Sonnenkräfte in ihm weiterwirken. «Zarathustra lehrt seine Schüler so: Ihr esset die Früchte des Feldes. Sie sind von der Sonne beschienen, aber in der Sonne lebt das hohe Geisteswesen. Von dem Kosmos, von außen kommt die Kraft des hohen Geisteswesens mit den Strahlen in die Früchte des Feldes hinein. Ihr esset die Früchte des Feldes, dasjenige, was in euch den Stoff auslöst. Laßt euch erfüllt sein von den geistigen Kräften der Sonne; die Sonne geht in euch auf, indem ihr die Früchte des Feldes genießt. Tut das in besonders feierlicher Stunde, nehmt euch in besonders feierlicher Stunde etwas, was bereitet ist aus den Früchten des Feldes. Meditiert ihr darüber, wie die Sonne darinnen ist, meditiert ihr, bis euch das Stückchen Brot strahlend wird, und genießt ihr es, dann seid euch bewußt: aus dem weiten Weltenall ist der Geist der Sonne in euch eingezogen und in euch lebend geworden.»[25]

Im alten Ägypten wurde ebenfalls vorwiegend Weizen angebaut. Auch dort wurde unter Echnaton die höchste Gottheit als ein geistiges Sonnenwesen verehrt.

Im Golf von Morbihan bei Locmariaquer in der Bretagne findet sich aus keltischer Zeit die Darstellung von Getreideähren als Sonnensymbol in einer Steinkammer. Im Hintergrund des Raumes ist eine Art Altar. Dahinter erhebt sich eine Steinwand, auf deren Fläche Ährenhalm neben Ährenhalm eingeprägt ist um das Rund einer thronenden Sonne. Eine Bildkomposition «Sonnen-Weltenstimmung» atmend[26]. Auf einer anderen Wand ist ein Pflug eingeritzt.

In der römischen Kultur spielte der Weizen eine große Rolle. Es ist bekannt, daß der römische Legionär 820 Gramm Weizen als Tagesration erhielt. Eine Kohorte führte eine Mühle mit, so daß ein Teil des Weizens als Brot und als Brei gegessen werden konnte.

Der Anbau in unserer Zeit

Heute wird der Weizen weltweit angebaut. Aussaat und Ernte folgen dem Gang der Sonne durch die Jahreszeiten. So ist im Laufe des Jahres immer irgendwo auf der Erde Weizenernte.

Im Januar reift der Weizen auf der südlichen Halbkugel in Australien, Neuseeland und Argentinien, in Indien

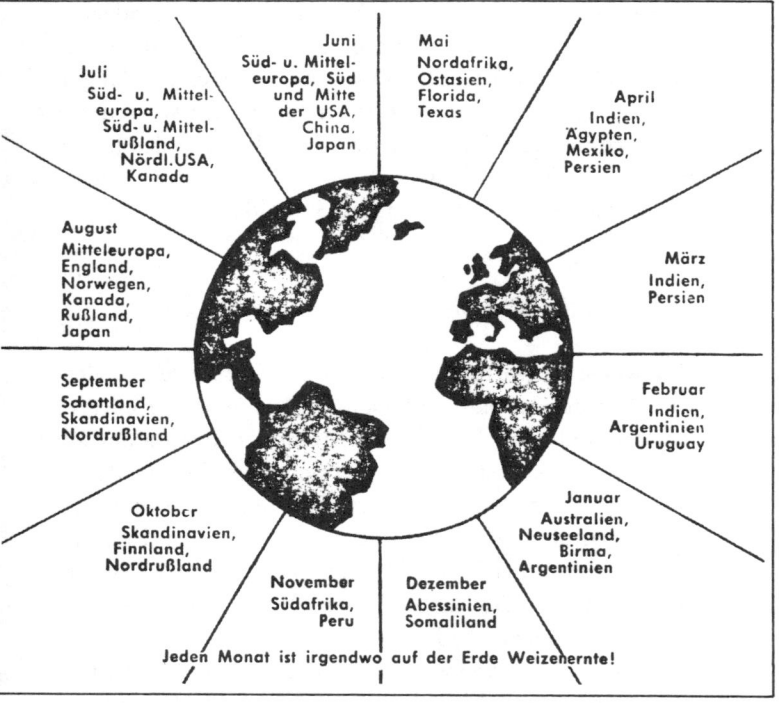

Tabelle der Weizenernten

bringt man ihn im Februar-März ein, im April folgen der vordere Orient mit Persien, Ägypten und Mittelamerika. In Ostasien und den südlichen Teilen der USA ist der Mai Erntemonat. Im Juni-Juli sind Süd- und Mitteleuropa, die südlichen und mittleren Teile Rußlands, China und Japan an der Reihe. Auch in Nordamerika verlagert sich dann die Erntezeit immer mehr nördlich bis nach Kanada. In Europa rattern die Mähdrescher vorwiegend im August und September. In diesem Monat wird auch in England,

Norwegen und in den nördlichen Gebieten Rußlands und Chinas Weizen geerntet. Es gibt noch in Skandinavien, Finnland und Nordrußland Gebiete, wo nach den langen Sommertagen bis in den Oktober hinein der Weizen zur Reife kommt. In den letzten beiden Monaten des Jahres beginnt die Weizenernte auf der südlichen Erdhälfte in Südafrika, Peru, Abessinien und Somaliland.

Die Arten des Weizens

Der Weizen gehört zusammen mit der Gerste zu den ältesten Getreiden. Man unterschied drei Arten: Einkorn, Emmer und Dinkel. Mit den Methoden der modernen Botanik hat man festgestellt, daß sich diese Formen durch eine interessante Variation der Zahl der Erbkörperchen (Chromosomen) im Zellkern unterscheiden. Das Einkorn hat 14, der Emmer 28, die Dinkelreihe 42 solcher Körperchen. Es gibt zu denken, daß auch hier wieder der Rhythmus der Siebenzahl in Erscheinung tritt.

Aus den drei Arten wurden die heute bekannten Unterarten gezüchtet. Schon in der vorgriechischen Zeit waren Einkorn und Emmer im vorderen Orient sowie auch im vorgeschichtlichen Europa weit verbreitet. Einkorn gab es bereits im alten Troja. Dinkel wurde zum Backen im alten Ägypten verwendet.

Vom Emmer stammt der heutige Glas- oder Hartweizen (Triticum aurum) ab, der glasige, harte und schmale Körner entwickelt und am besten in einem heiß-trockenen Klima wie in Kanada, den Vereinigten Staaten von Amerika und Australien gedeiht. Aus ihm stellt man den sogenannten Hartgries her, der zu Teigwaren weiterverarbeitet wird.

Bei uns wird vorwiegend der «Saatweizen» angebaut

(Triticum aestivum), ein Nacktweizen ohne Spelzen und Grannen, der zur Dinkelreihe gehört. Er wird als Ausgang für neue Züchtungen gewählt. Dabei legt man besonderen Wert auf die Backfähigkeit, also den Klebergehalt sowie die Ertragssteigerung durch Kunstdüngergaben. Es ist gelungen, zeitweise Rekordernten zu erzielen, allerdings zum Nachteil der Qualität. Auch in der Forschung im Rahmen der biologisch-dynamischen Wirtschaftsweise sind neue Sorten gezüchtet worden wie der grannentragende sogenannte «sibirische Weizen». Sie versprechen eine ausgezeichnete Qualität bei guten Erträgen.

Klima und Boden

Der Weizen liebt einen guten, warmen Boden, der kalkhaltig sein darf. Er stellt bedeutende Ansprüche an Licht und Wärme, während Gerste und Roggen auch in kühlfeuchten Gebirgslagen und in klimatisch ungünstigen Gebieten jenseits des Polarkreises noch gut gedeihen. Bei Lichtmangel in sonnenarmen Jahren bringt der Weizen mindere Erträge. Durch Behandlung der Pflanzen mit dem Kieselpräparat der biologisch-dynamischen Anbaupflege erlangt er die Fähigkeit, auch geringe Lichtintensitäten besser zu verwerten. Die Abhängigkeit von Licht und Wärme zeigt die besondere Beziehung des Weizens zur Sonne.

Botanische Merkmale

Der Weizen blüht Ende Mai. Er ist ein Selbstbestäuber im Gegensatz zum Roggen. Das heißt: der gelbe Blütenstaub, der von dem Staubbeutel in der Blüte eines Ährchens aus-

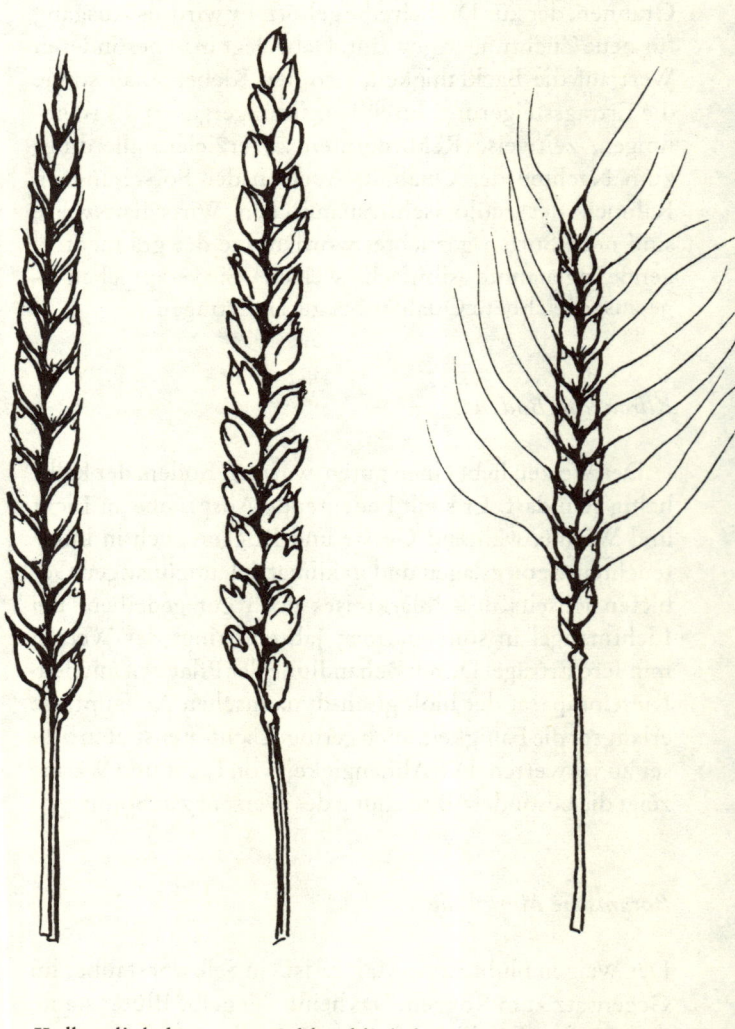

Kolbendinkel   Schlegeldinkel   Emmerweizen

Weizen und Weizenkorn

geschüttet wird, fällt zumeist auf die eigene Narbe. Das Blühen des Weizens bevorzugt bestimmte Tageszeiten: morgens zwischen fünf und neun Uhr mit der aufgehenden Sonne und nachmittags etwa um 15 Uhr mit dem absteigenden Sonnengang. Andere Getreidearten haben eine andere Blütezeit.

Der Weizen erreicht Ende Juni seine Milchreife; das Innere des Korns hat dann eine milchartige Beschaffenheit. Der Monat Juli bringt die nächsten Stadien der Reife, die Gelb- und Vollreife. Mit diesen Stadien gibt man sich bei der Ernte mit dem Mähdrescher meist zufrieden.

Früher stellte man das Getreide auf dem Felde in Garben auf und drosch es nicht vor dem Heiligen Dreikönigstag. Erst dann, so verstand man es, war das Korn völlig ausgereift, man nannte das «totreif».

Betrachten wir nun das Weizenkorn: Im Vergleich zum schlanken Roggenkorn ist es kurz, gedrungen, voller gerundet und gelbrötlich getönt. Auf dem Rücken, dort, wo es an die Fruchtwand angewachsen ist, zeigt es eine Furche. Oben sitzt ein feiner borstiger Haarschopf, unten auf der Bauchseite finden wir das Schildchen, das bis weit in das Nährgewebe hineinreicht. Der Keim ist von den inneren Hüllen, der Aleuronschicht umgeben (s. Abbildung S. 39). Aus einem Weizenkorn können je nach Anbau und Sorte mehrere Halme hervorsprießen.

Der Mehlkörper des Weizens ist nicht so stark «durchmineralisiert» wie zum Beispiel bei der Gerste. Die mineralischen Prozesse sind stärker auf die Randschichten beschränkt. Darum ist es beim Weizen in besonderem Maße notwendig, das ganze Korn zu verarbeiten. Das ausgemahlene Produkt, das nur die Substanzen des Mehlkörpers ohne diejenigen der peripheren Schichten enthält, hat nur geringen Nährwert.

Der Dinkel

Der Dinkel gilt als das eigentliche alemannische Getreide. Er blieb auf den schweizerisch-schwäbischen Raum beschränkt, da er kalkhaltigen Boden bevorzugt, wie den Schweizer und Fränkischen Jura sowie die Schwäbische Alb. Ortsnamen wie Dinkelsbühl oder Dinkelacker zeugen von der Bevorzugung dieses Getreides. Man nannte es auch Schwabenkorn. 1930 wurde in Württemberg noch gleich viel Fläche mit Dinkel wie mit Saatweizen bebaut. Heute spielt er fast nur noch in Franken zur Grünkerngewinnung eine Rolle. In der Schweiz werden noch etwa 4000 Hektar mit ihm bepflanzt; das sind 4 Prozent der Brotgetreidefläche.

Warum ist der Anbau von Dinkel so stark zurückgegangen? Er ist ungleichmäßig im Ertrag und auch sehr der triebigen künstlichen Düngung abgeneigt. Er schießt dann nämlich in die Länge und wird leicht durch Witterungseinflüsse umgelegt. Auch hat er sich urtümliche Eigenschaften durch alle Züchtungen hindurch bewahrt, die Sorgfalt bei der Ernte und weiteren Verarbeitung erfordern. Das sind die brüchige Ährenspindel und geschlossene Spelzen. Bei der Ernte mit dem Mähdrescher spielt die Brüchigkeit keine Rolle mehr. Die festen Spelzen verlangen aber den zusätzlichen Gerbgang der Mühle. Bei der Ernte in der Milchreife zur Gewinnung von Grünkern bieten die Spelzen noch einen Schutz.

Die einzelnen Körner sind wie beim gebräuchlichen Saatweizen prall und leicht rötlich gefärbt. Der hochwertige Kleber gestattet es, schmackhaftes Brot und Gebäck zu bereiten. Aber auch bei der Mittagstafel lassen sich aus Dinkel, als ganzes Korn gekocht oder als Klöße, Backlinge oder Auflauf, schmackhafte und hochwertige Speisen bereiten.

Grünkern

Der Dinkel wird in Franken noch viel zur Gewinnung von Grünkern angebaut. Grünkern ist ein in der Milchreife geernteter und auf Holzfeuer gedarrter Dinkelweizen. Man kam in alten Zeiten zu dieser Art der Herstellung: Als Mißernten durch anhaltende Regenfälle drohten, schnitt man, um das Korn vor dem Verfaulen zu retten, die Ähren mit der Sichel ab und trocknete sie auf Holzfeuer. So entstand ein wohlschmeckendes und bekömmliches Nahrungsmittel, das seinen Namen wegen der leicht grünlichen Farbe erhielt. Es ist als volles Korn, Schrot oder Mehl im Handel. Weitaus der größte Teil der Ernte wird von Suppenfabriken aufgekauft; denn der Grünkern gibt ein köstliches Aroma für die Suppe.

Wir verwenden den Grünkern vielfältig in der Küche: als ganzes Korn gekocht, zu Aufläufen, Backlingen, Klößen, Schrotsuppen und vor allem zu Getreidesalaten. Er schmeckt kräftig, ist gut bekömmlich und läßt sich leicht zubereiten. Grünkernmehl ist zu empfehlen für Suppen und auch Saucen wegen seines sanften und würzigen Eigengeschmacks.

Die Nährmittel aus Weizen

Der Weizen ist das ideale Brotgetreide und auch für sonntäglich-festliches Gebäck besonders gut geeignet.

Das gereinigte ganze Korn ist in Demeterqualität als Speiseweizen erhältlich. Es kann in der Küchenpraxis in verschiedener Weise weiterverarbeitet werden.

Thermoweizen ist ein Weizen von Demeterqualität, der durch ein spezielles Wärmeverfahren aufgeschlossen und stabilisiert wird. Er ist als Grütze und Schrot erhältlich.

Weizenmehl ist als Type 1050 und 550 im Handel. Die Zahl bedeutet das Mineralgewicht. Die Type 550 ist also ein ausgesprochenes Weißmehl.

Teigwaren aus Weizen sind getrocknete Mehlaufschwemmungen, die dann gewalzt, geschnitten und gepreßt werden. Die maschinelle Technik, Teigwaren in großen Mengen zu fabrizieren, ging von Italien aus. Allerdings ist nicht Italien das Ursprungsland der Makkaroni. Marco Polo berichtet, daß die Chinesen schon lange vorher Nudeln in dieser Form gekannt haben[27]. Es soll nichts gegen Bandnudeln, Makkaroni, Spaghetti oder Spätzle gesagt werden. Sie sollten aber von Demeterqualität sein unter Verarbeitung des vollen Kornes. Und am allerbesten: Wir machen sie in der Küche von Hand selbst.

Grieß wird, wie oben erwähnt, aus dem Korn des Hartweizens hergestellt. Dabei strebt man eine möglichst mehlfreie Zerkleinerung an, um ein Verkleben zu verhindern.

Weitere Produkte in Demeterqualität: Demeter-Frischkorn, Weizenflocken, Demeter-Weizen-Schrotzwieback, auch ohne Kochsalzzusatz und ungesüßt für besondere Diäten, Demeter-Butterzwieback, Demeter-Weizenschrot-Keks als delikates, nahrhaftes Gebäck, das ohne Triebmittel hergestellt wird.

Grünkern wird nicht unter biologisch-dynamischer Pflege gewonnen, ist also in Demeterqualität nicht erhältlich. Da der Dinkel aber Kunstdüngergaben nicht verträgt, sind die im Reformhaus erhältlichen Grünkernprodukte durchaus zu empfehlen.

Wirkungen im Menschen

Wie die Sonne die Mitte unseres Weltensystems bildet, um die die Planeten kreisen, so wirkt im menschlichen Organismus das Herz. Das Herz hat eine Sonnenfunktion.

In diesem Sinne gleicht der Weizen als nährende Sonnenfrucht zwischen den Organsystemen aus und harmonisiert. Er entlastet und stützt zugleich die Prozesse im Nerven-Sinnessystem und im Stoffwechsel, dadurch die rhythmische Mitte entlastend.

Man sagt, der Weizen sei das Getreide für den Geistesarbeiter. Das stimmt, aber auch den Gliedmaßen verleiht er Kraft. Freilich nicht in dem Maße wie der Roggen und nicht so impulsierend und anfeuernd wie der Hafer – doch schließlich hat der römische Legionär bei seiner Weizenkost fast die ganze damals bekannte Welt erobert und dabei gewaltige Marschleistungen vollbracht.

Der lichtvolle Weizen ist geeignet, Anregungen für den Aufbau des Nervensystems zu vermitteln. Von hier aus können wir das Problem, das uns schon bei der allgemeinen Schilderung des Getreides in Kapitel III beschäftigt hat, noch von einer anderen Seite anschauen.

Zunächst stellen wir einige grundsätzliche Gedanken über die Gliederung des Menschen voran. Der physische Leib ist sinnlich erfaßbar und besteht aus Stoffen, die durch eine höhere Realität, den «Ätherleib», ständig vor dem Zerfall bewahrt und mit Leben begabt werden. Der Ätherleib gibt den Substanzen und Kräften andere Richtungen, als sie haben würden, wenn sie nur den physischen Gesetzen folgten. Ihn hat der Mensch mit der Pflanze gemeinsam. Als drittes Glied seiner Wesenheit besitzt der Mensch den «astralischen Leib». Dieser ist der Träger von Lust und Leid, Trieben und Leidenschaften, von all dem, was wir unser inneres Seelenleben nennen. Dieses Wesensglied besitzen auch die Tiere. Das vierte Glied ist der Träger des Selbstbewußtseins. Der Mensch kann sich als ein Ich, als individuelle Persönlichkeit erleben und in Eigenverantwortung sein Leben gestalten.

Die Glieder des Menschenwesens durchdringen einander, jedoch werden einzelne physische Organsysteme jeweils von bestimmten Wesensgliedern bevorzugt geprägt. So sind alle Organe, die der Ernährung und Fortpflanzung dienen, wie zum Beispiel die Drüsen, Ausdruck des Ätherleibes. Hingegen wird das Nervensystem im physischen Bereich vom Astralleib aufgebaut und geformt. Das Blut schließlich ist Träger des Ich.

Die vier Glieder haben eine Verwandtschaft zu den vier Elementen:

> Der physische Leib zur Erde,
> der Ätherleib zum Wasser,
> der Astralleib zu Luft und Licht,
> das Ich zur Wärme.

Wir wollen uns nach diesen Überlegungen nun dem Astralleib zuwenden und ihn als einen inneren Lichtleib geistiger Natur ansehen. Aus seinen Kräften wird das Nervensystem aufgebaut. Welche Art von Ernährung regt ihn zu dieser Tätigkeit an? Die Bildung der Pflanzensubstanz wird als Photosynthese bezeichnet; sie verdankt ihren Ursprung dem Sonnenlicht. Nehmen wir Pflanzensubstanz als Nahrung zu uns, strömt das von der Pflanze aufgenommene Licht durch den Stoffwechsel in den Organismus ein. Aber es ist noch ein für den Menschen äußeres Licht und tritt dadurch in Gegensatz zu dem Licht des Astralleibes. Die Prozesse im Menschen sind ja denen in der Pflanze entgegengesetzt, damit sich Bewußtsein entfalten kann. So steht der Mensch durch sein inneres Licht in einem gewissen Gegensatz zur Pflanze. Was durch das Sonnenlicht in der Pflanze aufgebaut wurde, das zerstört der astralische Leib immer wieder, aber er wird durch diese Tätigkeit angeregt, das Nervensystem im Menschen aufzubauen, einzugliedern und dadurch das Leben mit Bewußtsein zu erfüllen. Rudolf Steiner faßt dieses geistige Forschungsergebnis in folgende Worte zusammen: «Durch das Licht fließt uns fortwährend Geistiges zu... äußerlich im Sonnenlichte erscheint es in seiner physischen Form, im astralischen Leibe in astralischer Weise. Das Geistige des Lichtes arbeitet in uns innerlich am Aufbau unseres Nervensystems. So wunderbar wirken zusammen das pflanzliche und das menschliche Leben.»[28]

Nahrungsmittel mit hoher Lichtqualität können besonders gut die Aufgabe erfüllen, den Nervenaufbau anzuregen. Wir haben diese bedeutsame ernährungsphysiologische Tatsache hier im Abschnitt über den Weizen angebracht, weil wir in dieser Getreideart das Urbild einer nährenden, lichtvollen Sonnenfrucht sehen.

Auch auf das Herz dürfen wir in diesem Zusammenhang schauen: seine Substanz ist gleichfalls «aus Licht gewoben». Gold, die Sonnensubstanz, ist das alte Heilmittel für das Herz; der Weizen kann als Diätetikum seine Wirkung unterstützen.

Abschließend noch einige Bemerkungen über die Weizenkleie. Wir sehen in ihr freilich nicht ein Mittel, um ein vorher ausgemahlenes Weißmehl wieder aufzuwerten. Über diese Schizophrenie sprachen wir bereits. Es kann aber eine Zugabe von Kleie zur Anregung der Darmfunktion hilfreich sein. Auch bei der äußerlichen Anwendung erfahren wir die harmonisierenden Kräfte der Weizenkleie. Bei Ekzemen wirken Kleiebäder heilsam, ferner kann Kleie in Form von Umschlägen bei Entzündungen, rheumatischen und Nervenschmerzen sowie bei Zahnweh angewendet werden.

Der Reis

Wirksamkeiten des Mondes

Es wurde bereits dargestellt, wie die Getreide, vornehmlich der Weizen, von der Sonne geprägt sind. So auch der Reis. Doch hat diese Körnerfrucht gleichfalls eine starke Beziehung zu den Kräften des Mondes; denn sie wächst im Wasser heran, und der Mond ist es ja, der dieses Element nach seiner Art bewegt: Ebbe und Flut wechseln im Rhythmus des Mondes. Und so werden schon die jungen Reispflanzen vom auf- und abflutenden Wasser umspült.

Nun wirkt der Mond je nach seinem Stand am Himmel in verschiedener Weise auf das Pflanzenwachstum und dokumentiert damit seine Beziehung zu allem Wachsen und Werden. Danach richteten sich seit altersher die Bauern mit den Aussaatterminen. Das hat aber auch in unserer Zeit mit wissenschaftlichen Methoden Maria Thun nachgewiesen[29]. Sie fand in zahlreichen Versuchsreihen heraus, daß die Stellung des Mondes im Tierkreis zur Zeit von Aussaat, Pflanzung oder Ernte das Gedeihen oder die Lagerfähigkeit verschiedener Nahrungspflanzen deutlich beeinflußt.

Doch nicht nur im Pflanzenreich ist eine Wirkung des Gestirns auf die vegetativen Vorgänge zu beobachten, auch bei Tieren und Menschen sind die Prozesse der Fruchtbarkeit an die Mondrhythmen gebunden. So schwärmen bestimmte Meerestiere nur während der Springfluten zur Begattung aus. Der Nachklang einer Beziehung zum Mond ist beim Menschen der Monatszyklus der Frau, wie auch in der Nähe der Meeresküsten die Geburtswehen bei Flut stärker einsetzen.

Vor dem Hintergrund der Tatsache, daß der Reis mit den Mondkräften des Keimens und der Fruchtbarkeit verbunden ist, läßt sich am ehesten begreifen, daß er starke Aufbaukräfte enthält. Über die Hälfte aller Erdenbewohner haben ihn zum Grundstock ihrer Nahrung gewählt, ja er ist in Hungerzeiten oft ihre einzige Speise. Es ist verständlich, daß man ihn in seinen Anbaugebieten heilig hielt und Aussaat, Pflanzung und Ernte mit kultischen Gebräuchen verband. Das Schicksal der Menschen hing weitgehend von den guten oder schlechten Reisernten ab.

Zum Bild dieser Länder Asiens und seiner Völker gehört aber auch die Bedürfnislosigkeit der Menschen. Mit einer Handvoll Reis am Tag mußten sie oft auskommen und dabei schwere körperliche Arbeit verrichten. Wir finden diese Lebensart in der Begegnung mit der «Reisesserin in Peking» von Jean Gebser[30] ergreifend geschildert.

Die Reisesserin in Peking

«Ich weiß nicht, wie ich dazu kam, jene Frau überhaupt zu sehen. Sie saß am Rande des Bürgersteigs, unauffällig, eher zierlich, und in sich selber versammelt. Sie hatte eine Bluse an, die braungelb gemustert war, und trug schwarze Hosen. Sie war wohl gegen sechzig Jahre alt; ihr Haar begann schon zu ergrauen. Sie mußte einmal sehr schön gewesen sein und war es noch heute, selbst jetzt, da das ganze Antlitz von hunderten von Falten durchkerbt war,

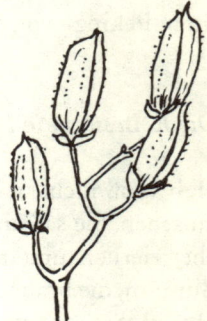

Reife Reisrispe

Reife Reiskörner
von den Spelzen
umschlossen

Reispflanze mit reifen Körnern

Kerben, die tausende ungeweinter und geweinter Tränen als Rinnsale in ihre Züge eingegraben hatten: eine Landschaft des Leides. Dieses Antlitz war erschütternd, weil in ihm keine Qual noch Bitternis waren.

Sie aß. Es war die Art, wie sie aß, die mich derart beeindruckte, daß ich gebannt stehenblieb. Sie hatte die linke Hand halb, wie eine Schale, geöffnet, darin einige Reiskörner lagen. Mit Daumen und Zeigefinger der rechten Hand nahm sie vorsichtig eines der Reiskörner, führte es langsam zum Mund und zerkaute es; das dauerte fast eine Ewigkeit; dann kam bedächtig, ruhig und langsam das nächste Reiskorn an die Reihe. Sie saß dort, ganz den Reiskörnern hingegeben und bemerkte nichts von alledem, was um sie herum geschah. Auch mich sah sie nicht, obwohl ich sie doch schon ziemlich lange anblickte. Ich wollte gehen, ich kam mir, wie ich dort stand, unfair und indiskret vor; andererseits konnte ich mich von diesem Anblick nicht trennen. Als ich mich dann endlich entschlossen hatte, weiterzugehen, und gerade im Begriff war, mich abzuwenden, sah sie auf und wandte den Kopf langsam in meine Richtung. Jetzt konnte ich ihre Augen sehen, die selber die Umgebung noch nicht wahrnahmen. Ich atmete erleichtert auf, hoffend, ich würde noch unbemerkt davonkommen. Da füllte sich plötzlich ihr Blick mit Gegenwart, und sie begann mich wahrzunehmen. Ich erschrak sehr. Da stand ich, ein weißer Fremder, hatte ein gutes Hemd, eine gute Hose, gute Schuhe an und hatte taktlos auf das Elend wie auf eine Schaustellung geglotzt. Ich erschrak nicht nur, ich schämte mich. Ich lächelte verlegen, versuchte irgendeinen kleinen entschuldigenden Gruß und war durchaus darauf gefaßt, daß sie mir einen zornigen oder beleidigten oder verächtlichen Blick zuwerfen würde. Aber nichts dergleichen geschah; es wurde mir lediglich noch ungemütlicher zumute. Und dann ging ein kleines Lächeln über ihr Gesicht; erst jetzt sah ich, wie sehr vom Hunger es bereits ausgezehrt war. Dann breitete sich dieses Lächeln aus und sprang in ihre Augen, die nunmehr ganz da waren. Sie machte nicht die allergeringste Geste, aber sie schaute mich offen an: ohne Haß, ohne Verachtung, ohne Zorn. Es waren zwei große braune Augen von einer Reinheit und Klarheit, wie hellste Quellen sie haben. Und dann sprang das leise Lächeln mitten aus ihren Augen heraus in die meinen. Es war kein Fragen, keine Verwunderung, kein Vorwurf darin. Es war nur dieser lächelnde Blick ohne Traurigkeit; der lächelnde Blick eines Menschen jenseits von Leid und Neid. Meine Dankbarkeit war groß. Ich hoffe, ich habe ihr durch die Art, wie ich mich Abschied nehmend verbeugte, diese Dankbarkeit und ehrfürchtige Bewunderung zum Ausdruck bringen können.»

Bei der Begegnung mit der Frau wird deutlich: Es ist nicht nur wesentlich, was wir essen, sondern wie wir essen. Würde die Frau ihren Reis nach Art der Westländer zu sich genommen haben, hätte sie sich nicht am Leben erhalten können. Sollten wir, die von Wohlstand umgeben sind, nicht von ihr lernen und die Speisen aus den Händen der Schöpfermächte, die uns durch die Nahrung das Leben schenken, in Andacht und Dankbarkeit empfangen? Ist die Art, wie bei uns die Mahlzeiten eingenommen werden, noch mit der Würde des Menschen vereinbar?

Und ein Weiteres wird ersichtlich: die wissenschaftlich bilanzierenden Ernährungsversuche sind in Frage zu stellen. Denn Geist und Seele des Menschen wirken entscheidend auch bei den leiblichen Prozessen mit. Sie sind nicht durch Maß, Zahl und Gewicht zu erfassen.

Botanische Betrachtungen

Wenden wir uns nun näher der Reispflanze und dem Reiskorn zu.

Die keimende und sprießende Reispflanze entwickelt, vom Wasser umspült, eine starke vegetative Kraft. Sie kann sich mit 20–30 Seitentrieben bestocken, die alle ihr Wachstum mit einem lockeren reichen Blütenstand, ähnlich der Rispe des Hafers, abschließen. Der Halm erreicht eine Höhe von 1–2 Metern. Die Reisblüte hat wie alle Angehörigen der Familie keine farbigen Kronblätter. Die sechs Staubbeutel und der Fruchtknoten mit der Narbe sind lediglich von Spelzen umschlossen, die beim Blühen durch kleine Schwellkörperchen auseinandergespreizt werden. Dadurch können sich die Staubbeutel herausneigen und ihren Inhalt dem Winde übergeben. Die Reisblüten befruchten sich jedoch auch selbst. Nach dem Blühen verwachsen die Spelzen fest mit dem Fruchtknoten, der sich zum Reiskorn ausbildet. Wie die Abbildung zeigt, sitzt jeweils ein Korn auf einem wellenförmig gestalteten Ährchenstiel.

Eine 20–24 Zentimeter lange Reisrispe kann 70–90 Körner tragen. Wenn wir an die Seitentriebe denken, können wir leicht berechnen, daß aus einem ausgesäten Reiskorn 1000 bis 3000 Körner heranreifen. Das Korn bringt also tausendfältige Frucht! Bei unseren heimischen Getreidearten, die meist nur eine geringere Anzahl von Seitentrieben bilden, ist das Verhältnis vom Ertrag zur Saatgutmenge weitaus geringer.

Der Nährstoffgehalt des Reiskorns

Wir finden im Reiskorn mit 7–8 Prozent einen geringeren Eiweißgehalt als bei den einheimischen Getreiden, doch ist dafür das Eiweiß nicht auf die Randschichten beschränkt, sondern durchwirkt in einmaliger Weise den Stärkekörper. Durch die innige Durchmischung von Eiweiß und Kohlenhydrat ist ein hoher Nährwert und eine leichte Verdaulichkeit vom Eiweiß gegeben. Allerdings fehlt das Klebereiweiß, so daß der Reis nicht wie der Weizen und Roggen zum Backen verwendet werden kann. Er ist ein typisches Breigetreide. Nur in Notzeiten verzehrt der Asiate den Reis roh, Korn für Korn.

Der Fettgehalt ist mit 1,5 Prozent gering. Die Stärke wird meist in den analytischen Daten mit 75–80 Prozent für den Naturreis angegeben.

Weiterverarbeitung

Das Reiskorn, das bei dem Erntedrusch gewonnen wird, nennt man «Paddy». Es ist wie bei Gerste und Hafer noch fest mit der harten und völlig ungenießbaren Spelze verbunden. Der Paddy-Reis eignet sich aber gut für den Transport. Die Befreiung von den Spelzen, das heißt, das Schälen wird dann in den Importländern durchgeführt. Um einen wertvollen Naturreis zu gewinnen, müssen die Körner sehr schonend geschält werden. Dabei gilt es, das Silberhäutchen, die darunterliegende Aleuronschicht und den Keimling zu erhalten (s. Abbildung S. 39). Wenn man Naturreiskörner in einer mit Filtrierpapier ausgelegten Schale mit Wasser bedeckt, kann man prüfen, wie groß ihre Keimkraft noch ist.

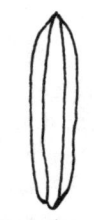  

Langkorn   Rundkorn   Geschliffenes
                            und poliertes Korn

Wer sein Geschmacksempfinden verfeinert, wird den polierten Reis, dessen Silberhäutchen entfernt ist, als leer und fade empfinden. Wertvollste Vitamine gingen verloren. Sie sind zwar beim Schmecken nicht erlebbar, aber ihr Fehlen erzeugt bei Dauerernährung mit Reis die gefürchtete Mangelkrankheit Beri-Beri. Die Anschauung der analytischen Ernährungslehre, daß ja durch andere Nahrungsmittel ein Ausgleich geschaffen werden kann, soll uns nicht daran hindern, auch bei unserer vielseitigen Kost den Reis mit seinem vollen Nährwert und Aroma zu bevorzugen, den sogenannten «Naturreis». Neben der Entfernung der Samen- und Silberhaut durch Schleifen und Polieren wird das Korn bisweilen mit Talkum oder Stärkesirup glasiert und glänzend gemacht. Zur Verdeckung eines gelblichen Tones bleicht man auch mit einer Schwefelverbindung oder setzt Ultramarin beziehungsweise Indigoblau zu. Das sind sogenannte «Veredlungs»-Maßnahmen, die den Nahrungswert nicht fördern.

Um Vitamine und Mineralstoffe trotz des Schleifens zu erhalten, hat man das sogenannte «Paraboilingverfahren» entwickelt, das heißt auf deutsch «Ankochen». Dazu wird der rohe, noch mit Hülsen versehene Paddy-Reis zunächst eingeweicht und dann unter stark erniedrigtem Druck einem Dampfstrom ausgesetzt. Der durch diese

Behandlung verkleisterte Reis wird sorgfältig getrocknet und jetzt erst enthülst. Mit diesem Verfahren will man folgendes erreichen: Die Vitamine und Spurenelemente wandern aus der Silberhaut in das Korninnere und bleiben beim Schleifen erhalten. Die Haltbarkeit ist besser, weil die Enzyme des Korns inaktiviert werden und das empfindliche Öl entfernt wird. Außerdem läßt sich der Reis nach dieser Behandlung schneller kochen und bleibt trocken und körnig. Trotzdem werden wir den Naturreis bevorzugen.

Reissorten

Es gibt über tausend Reissorten in der Welt. Jedes Jahr werden in internationalen Saatzuchtinstituten neue Typen herausgekreuzt, um größere Hektarerträge zu erzielen. Im Handel unterscheidet man jedoch nur drei Grundtypen: Langkorn, Rundkorn und Mittelkorn. Das Langkorn, auch Patna-Reis genannt, hat eine Länge von 6–8 Millimetern und ist etwa 4- bis 5mal so lang wie dick.

Das Rundkorn ist 4–6 Millimeter lang und nur 1½ mal so lang wie dick. Im Gegensatz zum Langkorn ist der Kern weich und kalkig. Daher gibt der Rundkorn-Reis beim Kochen bis zu 15 Prozent Stärke an das Kochwasser ab und kocht sehr weich. Im Handel wird diese Sorte auch als «Milchreis» angeboten. Das Mittelkorn liegt biologisch zwischen dem Langkorn und dem Rundkorn. Der Kern ist aber wie beim Rundkorn weich und kalkig, so daß er ähnliche Kocheigenschaften wie dieser aufweist und sich auch zur Herstellung des Reisschleims für die Säuglingsernährung und Krankenkost bei Darmkatarrh eignet.

Weitere Verwendung der Reispflanze

Wie beim Hafer sind Blätter und Halm der reifenden Reispflanze noch nicht völlig abgestorben und werden daher als Viehfutter verwendet. In Asien erhält das Vieh aber niemals Reiskörner. Welch ein Gegensatz zum Westen, wo ein großer Teil der Getreideernte an das Vieh verfüttert wird.

Aus dem feinen festen Reisstroh lassen sich verschiedene Flechtwerke wie Säcke, Matten und Hüte herstellen, auch dient es als Ausgangsmaterial für Papier. Die Spelzen werden verwertet als Brennmaterial, oder man verfertigt aus ihnen Zement. Sie lassen sich auch wie unser Zinnkraut als Poliermittel nutzen. Die Reiskleie ist ein ausgezeichnetes Kraftfutter.

Reisanbau

Der Reis braucht viel Wasser und Wärme und gedeiht daher nur in Ländern mit tropischem oder subtropischem Klima. Der Anbau ist in Asien bis 42 Grad nördlicher Breite, in Europa bis 46 Grad nördlicher Breite, in Amerika bis 36 Grad nördlicher Breite möglich.

Von allen Getreiden erfordert der Reisanbau die größte Sorgfalt und Pflege. Heute wird zwar vieles maschinell durchgeführt, aber in kleinbäuerlichen Betrieben Asiens hat man noch die traditionelle Reiskultur beibehalten, die mit viel Handarbeit verbunden ist. Zunächst sät man den Reis in besonderen Saatbeeten. Nach 3–6 Wochen werden die jungen Pflanzen, die inzwischen handbreit hoch gewachsen sind, auf die eigentlichen Felder gesetzt. Diese werden etwa 10–30 Zentimeter tief überschwemmt, entweder in Reisterrassen oder in Niederungen. Dabei wird das Wasser meist von Flüssen oder Gebirgsbächen abgeleitet mit Hilfe eines Kanalsystems und mit Staudeichen. Man pflanzt den Reis in Büscheln, die zuerst durch größere Zwischenräume voneinander getrennt sind. Bald bestocken sie sich jedoch Halm an Halm, so daß schließlich ein dichtes Reisfeld im Winde raschelt. Etwa 2–4 Monate nach dem Auspflanzen blüht der Reis und befruchtet sich. Wenn dann 1–2 Wochen später die Körner gelb werden, läßt man das Wasser ab. Dann ist noch etwa drei Wochen Zeit bis zur Ernte. Früher wurde der Reis von den Frauen mit Handsicheln geschnitten und dann getrocknet, heute wird besonders in den Vereinigten Staaten von Amerika alles von ausgeklügelten Maschinen übernommen.

In Italien und den westlichen Ländern geht man beim Reisanbau anders vor. Hier geschieht die Aussaat der Reiskörner mit der Sämaschine in relativ trockenen Boden. Weil der Reis eine Keimtemperatur von 8 Grad hat – unser Roggen keimt schon bei 1 Grad –, wird der Boden mit Wasser überflutet und erwärmt sich rascher. Dazu müssen die Reisfelder so liegen, daß in Gräben zugeführtes Wasser einfließen und auch wieder abfließen kann.

In Italien wird Reis auch biologisch-dynamisch angebaut. Darüber schreibt Dipl. Landwirt Almar von Wistinghausen[31]: «In einem biologisch-dynamischen Anbau kommt es darauf an, daß Wasser verwendet wird, das ganz gesund ist, also keine Verunreinigungen, besonders durch Pflanzenschutzgifte oder Industrieabwässer enthält. Eine ständige Untersuchung des Wassers ist notwendig. Noch besser ist es, wenn die Reisfelder eine eigene Wasserversorgung haben, also Eigenwasser des Hofes aus Brunnen oder Quellen. Die biologisch-dynamisch bewirtschafteten Felder dürfen nicht aus zweiter Hand Wasser übernehmen, das eventuell schon auf anderen Feldern verwendet worden ist und Rückstände enthält.

Die Po-Ebene und das Wassereinflußgebiet des Tessin-Flusses, besonders in einem Dreieck Mailand-Pavia-Turin, die Landschaft Piemont, ist durch Wasserreichtum und ein warmes Klima für den Reisbau in Italien geeignet. Der Acker wird im Spätherbst bis Winter gepflügt und bleibt in rauher Scholle über Winter liegen. Bei der ersten Überflutung wird der Boden mit Hilfe von Schleppern und einer Art Bodenhobel unter Wasser glattgezogen. Das Wasser wird dann nach etwa 14 Tagen abgelassen. Wenn es im Frühjahr viel regnet, bleibt das Reisfeld ein Sumpf und trocknet nicht aus. Trotzdem wird die Reissaat ausgebracht und der Acker auch im nassen Zustand bestellt. Anschließend erfolgt wieder die Bespannung mit Wasser. Die vorgekeimte Reissaat wächst dann im Laufe der Zeit über die Wasseroberfläche. Das Hellgrün der jungen Reispflanzen wird immer dichter, je stärker die Bestockung einsetzt. Jetzt sorgt der Reisanbauer dafür, daß das Wasser mit den wachsenden Pflanzen bis zu einer Höhe von 30 Zentimetern steigt. Das ist auch wichtig, um die mitwachsenden Unkräuter zu dämmen. Nicht alle dieser ‹sogenannten Begleitkräuter› lassen sich durch das Wasser abschrecken, zum Beispiel der wilde Reis (Giavone) und andere entwickeln sich schneller als der Kulturreis und hemmen dessen Wachstum.

Während in einem üblichen Anbau die mineralischen Dünger und die Schutzgifte zum Teil über das Wasser eingesetzt werden, ist das bekanntlich in der biologisch-dynamischen Wirtschaftsweise ausgeschlossen. Daraus ergaben sich verschiedene Probleme, die gelöst werden mußten. Die Düngung erfolgt auf den Betrieben, die den Demeter-Reis produzieren, mit Stalldung. Die betreffenden Landwirtschaften haben noch Tierhaltung. Der Stalldung wird in Feldmieten abgesetzt, die mit den Präparaten der biologisch-dynamischen Wirtschaftsweise versehen werden.

Das Ausbringen des Mistkompostes zusammen mit dem Ausspritzen des Horndungpräparates erfolgt im Frühjahr vor der Wasserbespannung. Das Hornkieselpräparat wird später auf die jungen grünen Reispflanzen ausgespritzt. Das ist mit langen Wasserstiefeln und mit Hilfe einer Rückenspritze möglich.»

Wirksamkeiten der Reisernährung im Menschen

Die enge Beziehung der Reispflanze zum Wasser drückt sich bei der Wirkung der Reisnahrung auf den Menschen aus. Das Gewebswasser im Organismus kommt durch dieses Getreide in Fluß, die Flüssigkeitsausscheidung wird angeregt. Das macht man sich bei Stauungen in den Geweben, bei Kreislaufstörungen, erhöhtem Blutdruck und Nierenschwäche zunutze. Da wirkt eine Reisdiät außerordentlich günstig. Dieser Effekt läßt sich auch aus der chemischen Zusammensetzung des Reiskorns erklären. Es enthält nämlich auffallend wenig Natrium, ein Element, welches das Wasser im Gewebe festhält. Unser Kochsalz ist eine Verbindung aus Natrium und Chlor. Man gibt also bei einer Nierendiät kein Kochsalz, damit es nicht zu Flüssigkeitsansammlungen im Gewebe kommt. Ein Vergleich mit anderen Nahrungsmitteln kann die Armut des Reiskorns an Natrium deutlich machen:

Je 100 Kalorien enthalten: Kartoffeln 20 Milligramm Natrium, Graubrot 230 Milligramm, Reis aber nur 2 Milligramm.

Der geringe Natriumgehalt allein würde allerdings die ausscheidende und erleichternde Wirkung nicht erklären. Es müssen noch andere Faktoren hinzukommen, die durch die Analyse nicht zu erfassen sind.

Wer an Gewicht abnehmen möchte, wird mit gutem Erfolg einige Reistage einlegen und dann die weitere Ernährung auf die Basis von Demeter-Reis einstellen. Er wird zusammen mit Gemüse und Obst bei sparsamer Verwendung von Fett ohne Zucker und Mehlprodukte ausreichend gesättigt sein und keine Mangelerscheinungen zu befürchten haben.

Die leichte Verdaulichkeit und der hohe Nährwert von Reis sind dadurch zu erklären, daß das Eiweiß nicht wie beim Weizen und Roggen in den Randschichten als Klebereiweiß gelagert ist, sondern den ganzen Mehlkörper durchsetzt – worauf schon hingewiesen wurde. Dabei ist es eng mit der Stärke verbunden und kann nur durch komplizierte chemische Verfahren herausgelöst werden.

Das Eiweiß im Reis ist frei von Gliadin, das heißt, es enthält nicht wie der Kleber jene Substanz, die bei manchen entsprechend disponierten Menschen allergische Reaktionen hervorruft. Darin gleicht es dem Mais und ist wie dieser geeignet, in solchen Fällen die Getreideernährung zu sichern.

Der Reis bildet wie Gerste und Hafer beim Kochen reichlich Schleim. Dieser ist bei Magen-Darmreizungen, besonders auch bei Durchfällen der Säuglinge ein erprobtes Heilmittel.

Neben den starken, nährenden Kräften ist allerdings im Reiskorn die Mineralisierung weniger veranlagt als bei Weizen, Roggen und Gerste. Das können wir schon aus der verhältnismäßig schwachen Wurzelbildung ablesen. Beim Menschen stützen sich die Tätigkeiten im Nerven-

Sinnesbereich auf Mineralisierungsprozesse, während dagegen die Eiweißbildung zusammen mit den Kohlenhydraten die Stoffwechselorgane aufbaut. So kann die Reisnahrung vorwiegend den Kräfteaufbau des Organismus unterstützen, aber weniger die substantiellen Voraussetzungen schaffen für die Impulsierung eines wachen Bewußtseins. Der luft- und lichtdurchwobene Reis mit seiner lockeren Rispe ist nicht so stark mit den Erdenkräften verbunden wie Weizen, Roggen und Gerste. Eine Völkerschaft und Rasse ist stark abgestimmt auf das Wesen der Getreideart, von der sich die Menschen vornehmlich ernähren. In diesem Sinne stellt Ottilie Zeller[32] den Asiaten mit seinem Reis und den Menschen des Westens mit seinem Brotgetreide gegenüber: «Der Reis ist eine uralte, vielseitig verwendbare Nahrungspflanze, die nahrhafteste Getreideart, deren man nie überdrüssig wird. Er ernährt in Asien viele kleinstbäuerliche Familienbetriebe und Gemeinschaften, deren Glieder ein tiefes, reiches Seelenleben besitzen, mit spielerischer Geschäftigkeit und geschickter Handarbeit den Reisanbau und die Bewässerung betreiben und sich in ihrer konservativen Stabilität stark erzeigen im Ertragen von schweren Naturkatastrophen und großen Hungersnöten.

Im Unterschied dazu betreibt der Mensch des Westens den Ackerbau im Schweiße seines Angesichtes. Die Arbeit fesselt ihn mit seinem verstandesmäßigen Bewußtsein an die Erde. Das Brot aus Roggen und Weizen und der Brei aus Gerste und Hafer bieten dazu die erforderliche Ernährungsgrundlage.»

Reisgeschichte und kulturelle Entwicklungen

Man nimmt an, daß der Ursprung der Reiskultur in Indien und dem südöstlichen Teil Asiens liegt und von dort her nach China vordrang. Hier gehen die ältesten Funde im Tal des Jang Tse Kiang auf Zeiten bis 4000 v. Chr. zurück. Doch geben sie Zeugnis von ersten Anfängen? Müssen wir uns dazu nicht in viel ältere Zeiten wenden, von denen es keine geschichtlichen Überlieferungen gibt?

Die kulturelle Entwicklung der Völker Asiens ist eng mit dem Reisanbau verknüpft. Der Reis wurde als Gabe der Gottheit verehrt. Daher begleitete man die einzelnen Arbeiten von der Saat bis zur Ernte, die alle mit der Hand verrichtet werden mußten, mit kultischen Zeremonien. Man empfand die Abhängigkeit des Pflanzenwachstums von kosmischen Rhythmen und bezog die Mondphasen und Sternkonstellationen in sein Tun mit ein. Das Wohl und Wehe der Völker Asiens wurde von der Reisernte bestimmt. Wenn in den gefürchteten Jahren der Trockenheit der Wasserspiegel vorzeitig sank, die Reispflanzen sich braun färben, dahinwelken und die Ähren nach unten hängen, dann ist Hungersnot die Folge mit Krankheit, Erschöpfung und Tod. Reisernte war Schicksal. Und Schicksal empfingen die Menschen aus den Händen der Gottheit. Darum war der Reis eine heilige Pflanze, Gabe der Götter. Wie der Mensch des Abendlandes um sein «tägliches Brot» bittet, so erfleht der Asiate den Reis. Wie Ottilie Zeller mitteilt, sind im klassischen Chinesisch und anderen Sprachen Südostasiens die Worte für Reis und Nahrung gleich.

Es folgt nun zum Abschluß dieses Kapitels eine indische Erzählung, die davon spricht, wie zwei Menschen eine Mahlzeit von Reis bereiten und zu sich nehmen. Es lebt darin etwas von der Wesensart, die sich im Umgang mit diesem Getreide seit altersher entwickelt hat[33].

Erzählung aus Indien

«Es war einmal ein junger Mann in Indien, der eine Frau suchte. Er hatte halb Indien bereist und keine gefunden. Wo immer er hinkam, bat er die Mädchen, die ihm gefielen, aus einem kleinen Haufen Reisähren, die er mit sich trug, ein Essen für zwei zu kochen. Überall war er ausgelacht worden.

Eines Tages traf er ein Mädchen, das das Säckchen mit den Reisähren nahm und ihm einen Krug bot, um sich Hände und Füße zu waschen. Auch das Mädchen wusch sich Hände und Füße. Dann breitete es die Ähren sorgfältig auf dem trockenen Lehmboden in der heißen Sonne aus und besprühte sie mit Wasser. Regelmäßig drehte es die Ähren mit der Hand um. Der junge Mann fing an, ihm dabei zu helfen. Zusammen schauten sie auf die Ähren und wendeten sie, bis sie durch und durch trocken waren. Sie hatten sich noch nicht viel zu erzählen.

Als die Ähren trocken waren, drosch das Mädchen sie mit dem Ende eines Schilfrohres. Schließlich entfernte es jedes einzelne Körnchen mit den Fingern aus den Ähren. Es sagte zu dem jungen Mann: ‹Gehe mit den Ähren zu dem Grobschmied auf dem Markt und verkaufe sie ihm. Er braucht sie, um damit Edelsteine zu polieren. Sie müssen ganz unversehrt sein. Gehe zu dem mittleren der drei, die dort nebeneinander sitzen. Der linke ist ein Gauner, der rechte glaubt, weil er Geld hat, sich alle Mädchen in der Gegend kaufen zu können›.

Inzwischen hatte das Mädchen die Körner gesammelt und sie in einem Holzmörser gestampft. Immer wieder ließ es den hölzernen Stampfer mit dem eisernen Kopf in den Mörser fallen. Es mußte ihn jedesmal auffangen, denn er sprang aus eigener Kraft hoch. Fast führte es einen Tanz mit ihm aus. Die Hülsen der Körner blieben zurück. Das Mädchen warf alles zusammen aus einem Korb heraus in die Luft, und der Wind blies die Hülsen weg.

Sie machten Feuer und holten Wasser: 5 Teile Wasser zu einem Teil Reis. Die Körner öffneten sich wie Knospen. Als sie gar zu werden anfingen, holte das Mädchen das noch nicht verbrannte Holz aus dem Feuer. Es nahm den Topf vom Feuer, goß den Schaum ab, stellte ihn auf den Boden im Schatten und ließ ihn ausdampfen, nachdem es den Reis vorsichtig mit dem Stiel eines Holzlöffels umgerührt hatte. Der junge Mann löschte die Glut mit Wasser, und es gelang ihm, noch ein paar Stückchen Holzkohle übrig zu behalten. ‹Ich gehe wieder zum Markt›, sagte er, ‹um dafür etwas Gewürz zu kaufen.› Er verkaufte die Holzkohle auf dem Markt und erstand von dem Geld winzige Häufchen verschiedener Gewürze. Die trug er sorgfältig nach Hause.

Das Mädchen hatte den Brei in eine Holzschale gegossen und mit einem Fächer gekühlt. Es fügte etwas Salz und ein paar duftende Blätter hinzu. Sein Freund wählte die Gewürze: Zimt, Safran, Pfeffer, Tamarinde – von allem ein Hauch. Langsam rührte das Mädchen den Brei um.

Sie nahmen ein frisches Bad. Das Mädchen fegte den Boden und besprühte ihn mit Wasser. Er schnitt ein Bananenblatt in zwei Teile und deckte damit zwei Plätze auf dem Boden. Das Mädchen verteilte den Reis in zwei Schalen und stellte den Rest der Gewürze in winzigen Schüsselchen hin. Sie aßen mit den Fingern – jeden Bissen verschieden gewürzt. Erst als das Mädchen dem jungen Mann Wasser aus dem Krug zum Trinken anbot, sahen sie sich an. Es war, als ob sie sich schon lange kannten.«

Die Gerste

Die Gerste ist neben dem Weizen das älteste Getreide. Vergeblich suchen wir nach den ersten Anfängen ihrer Kultur. In der frühen Entwicklung der Menschheit gab es noch keine Dokumente und Zeichen, die uns Heutigen überliefert werden konnten.

Über das Erdenrund ist die Gerste weit verbreitet. Sie gedeiht sowohl in tropischen Gebieten wie Arabien, Abessinien bis hinauf zum 70. Breitengrad Norwegens, aber auch in Gebirgslagen wie den Alpen bis zu 1900 Meter, im Kaukasus 2700 Meter, in Tibet 4646 Meter, im Hindukusch 3050 Meter.

Die klimatische Anpassungsfähigkeit bedingt großen Formenreichtum. Nach den Expeditionen von Vavilow 1936 hat die Gerste an drei Stellen der Erde diesen Formenreichtum entwickelt:[34]

Im Hochland von Abessinien und Erythrea;

in Ostasien, speziell in den Hochgebirgen Chinas (Osttibet und östlicher Himalaja, auslaufend bis Japan);

in Vorderasien, besonders Ostanatolien, Armenien und Westpersien.

Die Formen werden durch die Gliederung der Ährchen bestimmt, die bei der Gattung Hordeum (Gerste) gleichzeilig angeordnet sind. Je nach der Zahl der Anordnung werden 2-4-6zeilige Gersten unterschieden. Unter diesen

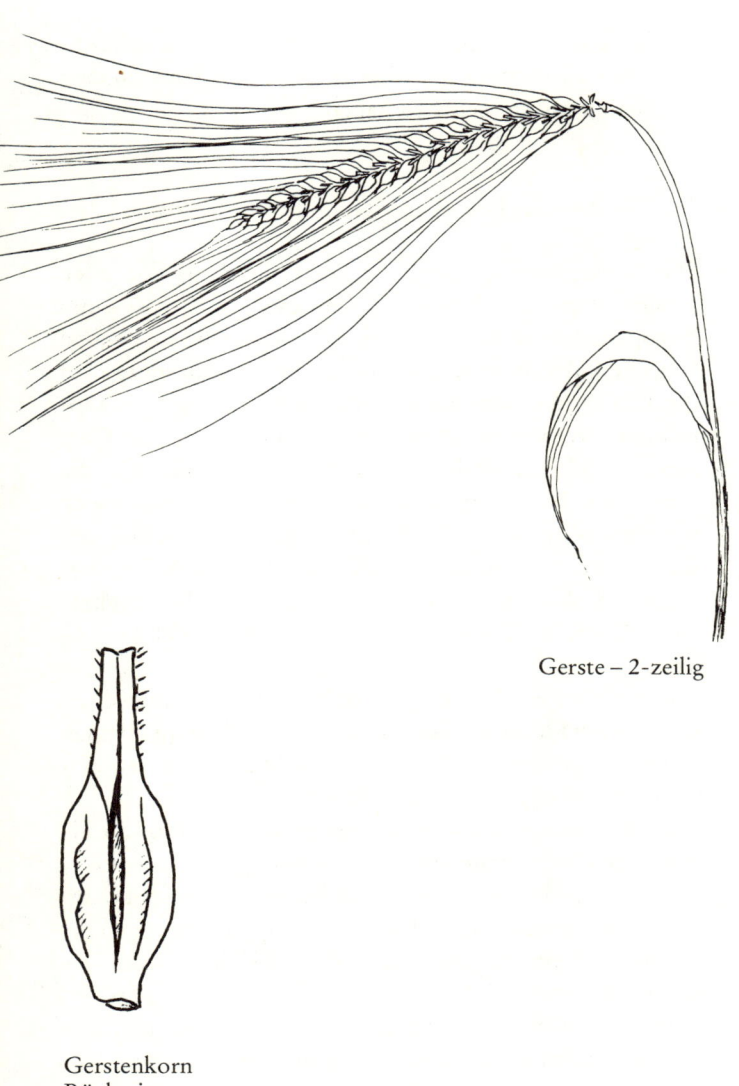

Gerste – 2-zeilig

Gerstenkorn
Rückseite

gibt es wiederum eine Fülle von Differenzierungen, die sich im Gegensatz zum Weizen durch die Jahrhunderte ziemlich konstant erhalten haben.

Die Gerste – das bevorzugte Getreide der Griechen

Die Gerste wird in den Überlieferungen aus den alten Hochkulturen in Mittel- und Westasien, in Ägypten und Europa erwähnt. Eine besondere Rolle spielte sie bei den Griechen. Am Anfang der griechischen Kultur wurde auf Attika fast nur Gerste angebaut. Sie wurde auch im Opferkultus verwendet, man sprach von der «heiligen Gerste». Es fällt auf, daß in den Gesängen der Ilias nur die Gerste mit Namen genannt wird; sonst ist nur die Rede von Brot oder dem Korn der Demeter. Im 11. Gesang der Ilias[35] wird von Homer ein Mahl im Zelt des Nestor beschrieben. Als Zutaten werden genannt: Zwiebeln, gelblicher Honig, Mehl von heiliger Gerste, Wein und Ziegenkäse.

Das Opfer wird durch Schütteln der Gerste eingeleitet. Es heißt bei Homer: «Und nachdem sie gefleht und heilige Gerste geschüttelt...» Dann folgt: «Alle umstanden den Stier und nahmen sich heilige Gerste.»

Homer verwendet hier ein bestimmtes Wort für die eigentliche Opfergerste, das sind ganze ungeschrotete Gerstenkörner, welche, geröstet und mit Salz vermischt, zum Voropfer zwischen die Hörner des Opfertieres gestreut wurden. – Beim gewöhnlichen Mahl spricht er von Gerstengraupen und Mehl.

In der Ilias wird ein wunderbarer Schild erwähnt, den Hephaistos für Achill anfertigte. Auf dem Schild sind Bilder aus dem griechischen Leben zu sehen. Es heißt in dem

Gesang bei der Beschreibung des Schildes: «Und die Frauen kneteten weißliches (leuchtendes) Gerstenmehl zur Speise den Schnittern.» An einer anderen Stelle wird die Gerste als das «Mark der Männer» bezeichnet. Damit deutet Homer auf die kräftigende Wirkung der Gerste hin. Im alten Rom erhielten die Gladiatoren vorwiegend Gerste. Sie hießen allgemein die «hordearii» die «Gerstenmänner». Auch von ihnen wurde Kraft, Mut und Ausdauer verlangt. Die Griechen strebten neben der Stärke in kriegerischen Auseinandersetzungen noch eine andere Eigenschaft an: Aktivität im Denken. Im Trojanischen Krieg entschied die Klugheit des «listenreichen» Odysseus.

In den Philosophenschulen legte man auf Ernährungsvorschriften großen Wert. Platon nannte als Grundlage der Ernährung der Bürger seines «idealen Staates» Gerste und Weizen. Sehr streng war die Diätetik in der Schule des Pythagoras, in der mathematische Lehrsätze unter Aufbietung größter Konzentration und Wachheit entwickelt wurden. Eiweißhaltige Nahrungsmittel wie Fleisch und Hülsenfrüchte sowie Alkohol waren verboten. Auch hier war die Gerste das Grundnahrungsmittel.

Wir haben in unserem Arbeitskreis bei Ernährungsversuchen ebenfalls gefunden, daß die Gerste besondere Wachheit und Aktivität im Denken möglich macht.

Botanische Merkmale

Die junge Gerste sprößt von allen Getreidearten zuerst; sie hat unter den Getreiden mit etwa 110 Tagen die kürzeste Vegetationszeit. Roggen benötigt etwa 310, Weizen 320, Hafer 130, Mais 120 Tage. Die Gerste ist auch eine ausgesprochene Langtagspflanze, die nicht nur in den warmen Mittelmeerländer, sondern auch in den langen, lichtreichen Sommertagen des Nordens gut gedeiht. In Schweden hat man früher unter der Bezeichnung Korn die Gerste schlechthin verstanden. Die Hauptgetreidefrucht heißt ja immer Korn, so der Mais in Amerika, der Hafer in England und der Roggen in Österreich. Das Sonnengold des Gerstenfeldes gehört zum Bild des Nordens.

Die Gerste wird durch den Kiesel für das Licht aufgeschlossen. Kieselprozesse sind in ihr intensiv veranlagt. Sie verdichten sich in den Hüllen des Korns und versprühen sich gleichsam in den Grannen.

Der knotig gegliederte Halm der Gerste wird von dem zart türkis getönten Blatt, in dessen schmaler linearer Form sich der Kieselprozeß ausdrückt, scheidig umschlossen. Wenn der Stengel eine gewisse Höhe erreicht hat, schiebt sich aus ihm die Ähre heraus. Zunächst erscheinen die Spitzen der Grannen wie ein kleiner Pinsel. Die Ähre ist dem Anblick noch verborgen, aber als derbe Auftreibung zu tasten. Bald drängt sie nach außen, wobei der vom Blatt umhüllte Halm seitlich aufreißt.

Ein hervorstechendes Merkmal der Gerste sind die langen strahligen Grannen, die an den Deckblättchen beziehungsweise Deckspelzen der Blüte ansetzen. Grannenlose Gersten kommen nur in Ostasien vor und werden züchterisch gering bewertet. Auch Kurzgrannigkeit, sehr selten bei Gerste, findet sich nur in China, während der Westen ausnahmslos langgrannige Formen besitzt.

Die Grannen sind reine Kieselorgane. Der Kiesel dient, wie bereits erwähnt wurde, der Sinneswahrnehmung. Überall, wo Kieselprozesse auftreten, wird der Organismus für Wirksamkeiten der Umwelt aufgeschlossen, und das also Wahrgenommene wird in das Innere des Organismus geleitet. So gehen wir nicht fehl, in den Grannen Wahrnehmungsorgane zu sehen. Dabei drängt sich der Vergleich mit zarten Antennen auf, die von der Ähre ausgestreckt werden. Was nimmt die Gerste mit Hilfe der Grannen wahr? Kosmische Entitäten, besonders Licht und Wärme, die Fruchtbildung und Reifung impulsieren.

Das Korn der Gerste ist ein derbes, ovales Gebilde von goldglänzender Farbe. Es ist von kieselhaltigen Hüllen, den Spelzen, fest umschlossen. Diese verdichten sich nach oben zu einer glasharten Spitze. Die Hüllen bestehen aus mehreren Lagen. Die beiden äußeren haben für die Ernährung des Menschen keine Bedeutung. Sie dienen einem mechanischen Schutz, dürften jedoch auch in Zusammenhang mit dem oben geschilderten Kieselprozeß stehen. In der inneren Hülle findet man Substanzen wie Fette, Mineralien, Eiweiß, Spurenelemente und Vitamine.

Der Kern des Korns, der Mehlkörper, besteht im wesentlichen aus Kohlenhydrat (Stärke), ist aber im Gegensatz zum Weizen nicht ganz frei von Mineralien und Spurenelementen. Der Kohlenhydratprozeß ist in der Gerste intensiv veranlagt. Das kommt in der einzigartigen Malzbildung bei der Keimung zum Ausdruck. Der Keimling befindet sich an der Basis des Korns. Er enthält Eiweißstoffe mit einer Anreicherung von Ölen. Beim Keimprozeß werden die Würzelchen gebildet, und der Sproß wächst unter der Samenschale nach oben. Die Gerste läßt sich nach der Ernte im allgemeinen noch nicht zum Keimen bringen. Die Keimkraft verhält sich zwar bei den einzelnen Sorten verschieden, doch ist allgemein die Tendenz zu beobachten, daß eine Zunahme im Laufe des Jahres eintritt. Meist wird im Frühjahr des nächsten Jahres bei der Sommergerste ein Maximum erreicht. Dieser Rhythmus ist für die Malzbereitung von Bedeutung.

Keimung und Malzbildung

Die spontane Änderung des Stoffwechsels, die sich bei der Keimung vollzieht, ist naturwissenschaftlich nicht zu erklären. Man kann nur das Auftreten einer großen Zahl sogenannter Enzyme feststellen, die bestimmte Reaktionen bewirken oder die Auflösung der Zellwände des Endosperms oder die Mobilisierung der Reserveprodukte veranlassen. Aus welchen Kräften jedoch die so äußerst fein differenzierten Enzyme gebildet werden, bleibt bei einer nur auf das Stoffliche gerichteten Betrachtungsweise völlig im Dunkeln. Diese Erkenntnisgrenzen lassen sich durch die Bildekräfteforschung, auf die bereits hingewiesen wurde, erweitern. Bei der Keimung ist es insbesondere der chemische Äther, durch den die einzelnen Reaktionen ausgelöst werden. Seine Wirksamkeit ist bedingt durch einen Kontakt mit dem wäßrigen Element. Beim Keimen bildet sich aus der Stärke das süße Malz. Die Gerste zeichnet sich vor allen anderen Getreidearten durch diese Fähigkeit der Malzbildung aus. Das macht man sich in der Bierbrauerei zunutze, für die heute ein großer Teil der Gerste angebaut wird. Man verlangt für eine gute Braugerste einen geringen Eiweißgehalt (9,5–12,5 Prozent), aber einen hohen Gehalt an Stärke, der sich auch in einem hohen Tausendkorngewicht ausspricht (40–50 Gramm). Das Korn muß voll und bauchig sein, denn eine gleichmäßige Formung ist Voraussetzung für eine regelgerechte Keimung beim Vermälzen. Daher werden zweizeilige Gersten bevorzugt.

Vor dem eigentlichen Malzprozeß wird die Gerste bei einer Temperatur von 10–15 Grad vorgeweicht. Dabei nimmt sie bis zu 50 Prozent an Gewicht zu. Beim anschließenden Keimen auf der Malztenne muß eine gleichbleibende Temperatur von 23 Grad herrschen. Die stickstoffhaltigen organischen Verbindungen des Korns bilden diastatische Enzyme (Katalase, Amylase), die aus der Stärke Zucker bilden. Nach 7 bis 8 Tagen wird der Keimprozeß unterbrochen. Dann sind meist 3 bis 5 Würzelchen angesetzt, und der Blattkeim ist unter der Deckspelze bis an die Spitze des Korns vorgedrungen. Das so gewonnene Grünmalz kommt zum Trocknen auf die Darre. Der sehr hygroskopische Malzkeim wird entfernt und gibt ein vorzügliches Viehfutter. Durch erneuten Zusatz von Wasser zum «Darrmalz» wird im sogenannten «Maischeprozeß» bei höherer Temperatur die diastatische Stärkezerlegung fortgesetzt und die Eiweißstoffe durch Peptasen in lösliche Abbauprodukte zerlegt. Jetzt entsteht die eigentliche Würze. Harze und Gerbstoffe, zum Teil aus den Spelzen, vermitteln die Geschmackstoffe, der Zusatz von Hopfen den Bitterstoff. Zum Schluß wird durch Hefe die Gärung eingeleitet. Es entstehen Alkohol und Kohlensäure. – Die Herstellung von Bier aus gemalztem Getreide war schon den Ägyptern und Sumerern bekannt.

Die sogenannte *Futtergerste* findet als Viehfutter Verwendung. Hier ist ein erhöhter Eiweißgehalt erwünscht. Gerste wird gegenüber anderem Getreide zur Fütterung mancher Tierarten bevorzugt, da sie einen hohen Ertrag pro Hektar bringt und zudem eine hervorragende Nährqualität aufweist. Seit altersher gebräuchlich ist die Gerstenfütterung bei der Schweinemast. Gebrühter Gerstenschrot macht bei Schweinen zwar erhöhten Fettansatz, führt aber zu Knochenerweichungen. – Das angekeimte Korn bewirkt als Futterbeigabe bei Kühen Erhöhung der Milchproduktion.

Anbau der Gerste

Nach dem Aussaattermin unterscheidet man *Winter-* und *Sommergerste*. Die Wintergerste verlangt eine frühe Aussaat in der zweiten Septemberhälfte, damit sie kräftig und gut entwickelt in den Winter geht. Milde und mäßig feuchte Winter sind ihr am besten zuträglich sowie eine rasche Erwärmung des Bodens im Frühjahr. Die Wintergerste hat gegenüber der Sommergerste, die erst im Frühjahr ausgesät wird, den Vorteil, daß sie kräftiger ist und sich resistenter gegenüber Schädlingsbefall erweist. Sie kann zudem schon Anfang Juli geerntet werden, so daß das Ackerland noch für eine zweite Fruchtfolge zur Verfügung steht. Sie ist auf leichteren Böden anzubauen, da die Winterfeuchtigkeit genug Wasser bringt.

Eine Form der Gerste, die schon aus der jüngeren Steinzeit bekannt ist, besitzt keine Spelzen. Sie wird deshalb *Nacktgerste* genannt und zeichnet sich durch einen hohen Rohproteingehalt aus. Für Mehl, Graupen und Grütze wird sie gern genommen. Sie ist nur im Ertrag sehr wechselnd und wird daher wenig angebaut.

Die Gerste stellt durchaus Ansprüche an den Boden: sie ist die empfindlichste Getreidefrucht. Auf sauren, trockensandigen Böden entwickelt sie sich schlecht. Auch schwere, moorige Böden können ihr wegen der Gefahr des Ausfrierens gefährlich werden. Die Braugerste wächst am besten auf tiefgründigen, milden, humösen Lehmböden, gedeiht aber auch auf leichten Böden bei guter Wasserversorgung. Im allgemeinen kommt die Gerste im Vergleich zum Hafer mit weniger Wasser aus. Günstig ist es, wenn der Boden Kalk enthält, ein Gegenpol zum Kieselprozeß in der Pflanze.

Der Befall an Schädlingen ist bei den einzelnen Sorten

verschieden. Es ist gelungen, gegen Mehltau resistente Arten zu züchten. Bei der Wintergerste tritt Mehltau im allgemeinen nur im Jugendstadium auf. Man sieht aus den Züchtungsergebnissen, daß der Schädlingsbefall vor allem von dem Pflanzenorganismus selbst abhängt.

Die Qualität der Gerste wird wesentlich von der Art der Bodenbearbeitung bestimmt. Hier liegt die Bedeutung der biologisch-dynamischen Wirtschaftsweise, deren Studium jedem, der eine gesunde Ernährungsweise anstrebt, Gewinn bringen wird. Ernährungswissenschaft und Landwirtschaft gehören zusammen. Man wird über die Qualität eines Nahrungsmittels keine gültigen Aussagen machen können, wenn man nicht weiß, unter welchen Bedingungen die Pflanze, aus der es entstand, gewachsen und gereift ist.

Verarbeitungsformen der Gerste – Was ist im Handel erhältlich?

Für die Weiterverarbeitung sind zwei Formen der Gerste zu unterscheiden: die Spelzgerste und die Nacktgerste. Die Spelzgerste ist die gebräuchliche Form, die aber zunächst von ihren Spelzen befreit werden muß. Die Nacktgerste ist frei von Spelzen und kann direkt weiterverarbeitet werden.

Es galt seit altersher als eine besondere Kunst, die Spelzen vom Korn zu lösen.[36] Die Trennung – hier Kleie zum Viehfutter, dort Aleuronschicht zum Speisegut – gelingt auch bei unseren heutigen Mahlverfahren nicht immer leicht. Durch die Metallflächen der Mühlen wird so viel abgeschliffen, daß eine Trennung nach der natürlichen Grenzlinie nicht mehr möglich ist und die innere Hülle und der Keim verloren gehen. Eine weitgehend geschälte Gerste findet sich als Roll- oder Perlgerste im Handel. Das geschälte, ganze Korn der Gerste wurde früher auch als Graupe bezeichnet.

Nach unseren Untersuchungen sind die Körner je nach ihrer Herkunft unterschiedlich entspelzt. Es fanden sich bei der Lieferung einer bestimmten Sorte über 90 Prozent unbeschädigte Körner, bei anderen Produkten dagegen war bei etwa 70 Prozent der Keimling herausgerissen. Diesen Ergebnissen entsprechend war auch die Keimfähigkeit der Körner reduziert. Daher ist eine weitere Prüfung und Verbesserung der Schälverfahren dringend notwendig.

Das entspelzte Korn wird im Grützgang der Mühlen einfach gebrochen oder auch feiner geschrotet. Es ist unter dem Namen *Gersten-Grütze* oder *Gersten-Schrot* zu beziehen. Ein großer Nachteil gegenüber dem ganzen Korn ist die verhältnismäßig kurze Lagerfähigkeit. Man tut daher gut daran, sich eine Schrotmühle anzuschaffen, um für seinen Bedarf jeweils frisch schroten zu können.

Bei der Herstellung der *Flocken* wird das Korn zwischen zwei Rollen gequetscht. Dadurch ist das Aufschließen im Kochprozeß oder beim Backen erleichtert. Jedoch dürfen die Flocken nicht zu lange gelagert werden. (Darum sind Terminangaben auf den Packungen anzustreben.) Bedeutungsvoll ist die Art des Rollvorgangs; verwendet man hohe Temperaturen, büßt das Korn an Wert ein.

Die *Knusperflocken* aus Gerste enthalten fast kein Wasser und sind daher länger haltbar. Sie sind tischfertig und brauchen nur über die Speisen gestreut zu werden.

Seit altersher wird das Rösten des Getreides geübt. Damit wird ein Naturprozeß weitergeführt; denn der Reifungsvorgang der Ähre kann als ein feines Rösten in der Sonnenglut angesehen werden. Dieses Rösten darf jedoch nur sehr vorsichtig geschehen, da sonst eine Minderung der Bildekräfte zu befürchten ist.

Ein sehr schonender und sachgerechter Dörrprozeß wird in Kombination mit einer feinen Netzung – das ist Anfeuchtung der Körner – beim «*Thermogetreide*»[37] durchgeführt. Durch dieses schonende Verfahren wird die Gerste aufgeschlossen und leichter bekömmlich, aber auch so stabilisiert, daß sie als Schrot längere Zeit haltbar ist.

Das reine *Gerstenmehl* wird in seiner Bedeutung noch viel zu wenig erkannt. Der holländische Arzt H. v. d. Upwich[38] schreibt darüber: «Als wichtige Kohlenhydratquelle steht bei uns in Holland ein ausgezeichnetes Gerstenmehlprodukt zur Verfügung, das besonders leicht verdaulich ist... und das viel weniger eine Tendenz zur Gärung zeigt, als die gebräuchlichen Weizenprodukte.» Aus biologisch-dynamisch angebauter Gerste wird durch einen schonend durchgeführten Röstprozeß der *Demeter-Malzkaffee* gewonnen. Der *Demeter-Malzextrakt* ist als ein hochwertiges Diätetikum anzusehen.

Schließlich ist noch das *Vierkornbrot* zu erwähnen, das neben Weizen, Roggen und Hafer auch Gerste enthält.

Bei der *Zubereitung in der Küche* sind stets die Regeln zu beachten: Einweichen (= Vorquellen), mit geringster Wärme kochen und Nachquellen. Man kann auch nach dem Vorquellen die Gerste kurz aufkochen und dann in ein Thermogefäß füllen. Dann braucht die Speise nur noch zum Mittagsmahl gewürzt zu werden.

Die Gerste läßt sich gut mit den verschiedensten Gemüsen und Kräutern, aber auch mit Früchten, Dörrobst, Nüssen sowie Milch kombinieren. Dabei kommt sie sehr verbindlich all diesen «Partnern» entgegen und gleicht sich den Geschmacksrichtungen an, ohne jedoch ihre eigene Wesensart zu verleugnen. Gerade dieses Merkmal kann uns die Gerste in der Küchenpraxis so wertvoll machen.

Hervorragend kommen die Eigenschaften der Gerste in der gebackenen Form des Auflaufs zur Geltung, sei es mit Gemüsen oder Früchten und Nüssen. Stets sollten Gewürzkräuter Verwendung finden, auch zur Erhöhung der Bekömmlichkeit.

Weitere Hinweise zur Küchenpraxis finden sich in der Schrift «Die zeitgemäße Getreideernährung» mit Kochrezepten.[2]

Wirksamkeiten im Menschen

Für die Wirkung bei der menschlichen Ernährung sind bestimmte Eigenschaften der Gerste bedeutsam:

Der Zuckerprozeß mit der intensiven Malzbildung;
die Verwandtschaft zum Kiesel, schon äußerlich
sichtbar durch die ausgeprägte Grannenbildung und
die Kieselhüllen;
die Schleimbildung der Gerste beim Kochen.

Diese drei Merkmale sollen uns bei der Betrachtung der Wirksamkeiten im menschlichen Organismus wegleitend sein.

Stellen wir zunächst den Zuckerprozeß und den Kieselprozeß einander gegenüber und beziehen wir uns dabei auf Beschreibungen im 1. Kapitel (Seite 41).

Der Kiesel durchzieht die ganze Pflanze und bestimmt

ihre fein durchgestaltete Form. Im Korn findet er sich in den Hüllen und Randschichten.

Der Zuckerprozeß geht vom Stärkekörper des Korns aus: zur süßen Malzbildung kommt es jedoch nur mit Hilfe einiger Begleitsubstanzen wie Vitaminen aus dem B-1-Komplex, die in den Randschichten angereichert sind.

Wo finden wir die entsprechenden Prozesse im menschlichen Organismus? Der Kiesel durchsetzt die Bindegewebe und Bänder, die eine Stützfunktion zu erfüllen haben, wie beispielsweise die Bandscheiben der Wirbelsäule. Unsere Haut ist gleichsam ein Kieselmantel, der den Organismus nach außen abschließt. Dabei obliegt dem Kiesel eine Sinnesfunktion, die innerhalb dieser abgrenzenden Hülle Verbindungen nach außen schafft. Auch die einzelnen Organe innerhalb des Körpers sind durch eine Kieselhülle von einander geschieden, aber wiederum durch den Kiesel in die Lage versetzt, sich gegenseitig wahrzunehmen. Diese Funktion, die auf der einen Seite abgrenzt, zum anderen sensibilisiert, ist, wie schon ausgeführt, bei der vegetativen Dystonie gestört. Die Regulationen sind aus dem Gleichgewicht geraten. Vorgänge, sonst wohl behütet unter der Schwelle des Bewußtseins, gelangen nach oben in die bewußte Wahrnehmung.

Die Wahrnehmungsvorgänge finden ihren reinen Ausdruck im Sinnes-Nervensystem. Alle Funktionen im Nervensystem stützen sich auf feinste Kieselprozesse – somit auch das Denken.

Der Zucker gehört im menschlichen Blut auf die Seite des Stoffwechsels. Die Leber baut aus ihm ihre Substanz, das Glykogen auf, um es nach einer gewissen Zeit in rhythmischer Folge wieder als Zucker ins Blut einzuschleusen.

Für den Stoffwechsel der Muskulatur wird ständig

Zucker benötigt. Bewegung und Wärme sind die treibenden Impulse. Doch müssen wir auch hier wieder erwähnen, daß der Zucker seine Aufgabe im Stoffwechsel nur erfüllen kann, wenn der Vitamin B-1 -Komplex, der sich der Stärke im vollen Korn angliedert, den Zucker begleitet.

Fassen wir nun die Wirksamkeiten von Kiesel und Zucker in einer Übersicht zusammen:

Kiesel   Zucker
Grannen, Randschichten   Stärkekörper, Malz
Nervensystem   Blut
Gestaltung   Bewegung
Haut, Stützgewebe   Muskulatur
Sinneswahrnehmung,
Gehirntätigkeit Stoffwechseltätigkeit
Denken   Wollen
Licht   Wärme

Die zweifache Wirksamkeit der Gerste, die sich im Kiesel und Zucker ausdrückt, ist demnach auf zwei Bereiche im Organismus gerichtet: auf das Gehirn mit dem Nervensystem und Bindegewebe sowie auf den Stoffwechsel und die Muskulatur. Darum konnten die Griechen sie als Grundnahrungsmittel wählen: sie gab ihren Kriegern Kraft; aber auch ihre Philosophen schätzten sie, wie Platon erwähnt.

Bei unseren Ernährungsversuchen mit der Gerste meldeten die Versuchspersonen fast übereinstimmend als ersten Eindruck eine auffallende Frische im Kopfbereich, Wachheit in den Sinnen und Hebung der Konzentrationsfähigkeit. Auch in ihren Körperkräften fühlten sich die «Gerstenesser» gestärkt; die gewohnte Müdigkeit nach dem Mittagsmahl entfiel.

Stärkungen des Bindegewebes und des Bandapparates, wie sie sich aus unseren Überlegungen ergaben, lassen sich natürlich durch Experimente nicht nachweisen. Immerhin empfiehlt es sich, zur Vorbeugung der schon bei Kindern und Jugendlichen weitverbreiteten Bänderschwäche die Gerste in den Speiseplan einzubeziehen.

Die *Schleimbildung* der Gerste weist uns auf ihre Bedeutung in der Diätetik hin. Im Schleim sind die Wirksamkeiten der Gerste voll enthalten; denn eine Pflanze, die Schleim bildet, gibt ihr ganzes Wesen in diesen Schleim hinein.

Schon der griechische Arzt Hippokrates empfahl die Gerste als Heilmittel in Form einer Abkochung der Körner, der sogenannten Ptisane. Im frühen Mittelalter finden wir die Gerste als Droge erwähnt in der Heilmittellehre der Äbtissin Hildegard (1098–1180). Auch in anderen deutschen Arzneibüchern des Mittelalters wird die Gerste zur Behandlung äußerer und innerer Leiden empfohlen. So schreibt Lonicerus 1564:

«Gerst ist zur speiss und tranck ein gesunde kräftige Frucht / wächst gleich dem Spelz / hat scharpffe gran / und bleychgeel farb. Gerst ist kalt und trucken in andern grad. Wird zu viel sachen genützt / sonderlich zu denen so kälten. Man macht daraus polentam also: Nimm Gerst und zermale die / doch nicht zu klein / also zermalen seuds in wasser.

Diss gesotten Wasser dienet wol denen so das kaltwee haben/ man soll es allzeit law oder warm / und nicht kalt/ gebrauchen. Gersten mit Fenchel gesotten / davon getruncken / bringet den weibern die versigene milch wider. Gerstenkörner gesotten in Wasser / biss das wasser ein wenig rotlechte farb gewünnet / diss ist gut getruncken so grosse hitz haben / dann es verzeret die unnatürliche hitz.

Gerstenwasser treibt hitz auss / so von heysser feuchtung kompt.

Einn brei vonn Gerstenmehl gemacht / mit eim wenig Zucker und klein Roseinlin vermischet / ist gut fürs feber und hitz der leber. Gerstenkrautwasser ist gut inn die augen gethan / für die bösten bresten der augen / denn es macht sie lauter und klar. Die beste Zeit ihrer distillierung ist im ende des Meyen» (zitiert nach Boller[39]).

Im Handbuch der Heilpflanzenkunde von Dinand,[40] der sich auf reiche Erfahrungen und gute Traditionen stützt, wird der Absud von Gerste beziehungsweise Schleim bei allgemeiner Schwäche und Neigung zu Lungenleiden empfohlen. Auch zur Behandlung von Blasenkatarrh, fieberhaften Krankheiten, Ruhr und Heiserkeit gibt Dinand ein Gerstenwasser an. Das Gerstenmalz soll Heilwirkungen bei Gicht entfalten in Form von heißen Auflagen oder als Malzbäder. Ferner seien Malzbäder angezeigt zusammen mit Malzwickeln und Dämpfen bei Nierenleiden und Blutarmut.

Diese Angaben sind auch für die moderne Diätetik gültig. Da ist zunächst die beruhigende Wirkung des Gerstenschleims bei akuten Reizungen der Schleimhäute von Magen und Darm zu nennen. Selbst Patienten mit schweren Entzündungen und Geschwürbildungen vertragen den Gerstenschleim gut. Durch die Kieselkomponente der Gerste werden Schleimhautdefekte günstig beeinflußt. Auch werden heilsame Milieuänderungen im Darm bewirkt und die Umstimmung der Darmflora angeregt sowie giftige Stoffwechselprodukte gebunden. Hierüber hat H. Boller von der Universität Zürich interessante Versuchsergebnisse veröffentlicht.[39]

Als Diätetikum für die Leber ist die Gerste seit langem bekannt. Das ist erklärlich, weil der Gerstenschleim die

Tätigkeit des Darms regelt und entgiftend auf krankhafte Vorgänge im Darm wirkt. Darüber hinaus wird die Leberfunktion durch den Kohlenhydratprozeß der Gerste angeregt. Wenn auch heute bei der Leber das Eiweißproblem in den Vordergrund geschoben wird, so ist die alte ärztliche Erfahrung von dem hohen diätetischen Wert der Kohlenhydrate bei Leberkrankheiten keineswegs überholt. Es sollten nur raffinierte Produkte wie Weißmehl und Zucker vermieden werden. Man kann schließlich beide Thesen vereinigen und außer dem Gerstenschleim Quarkspeisen als Eiweißträger verabfolgen.

Es empfiehlt sich, dem Gerstenschleim je nach Lage des Krankheitsbildes Verschiedenes zuzusetzen. Bei Verdauungsschwäche wird man anregende Gewürzkräuter wählen oder auch Obst- und Gemüsesäfte beifügen. Zum Aufbau können Milch und Rahm hinzugemischt werden. Stoffe, die für sich eine kranke Schleimhaut reizen, hüllt der Schleim ein und macht sie dadurch verträglich.

Der Gerstenschleim verbindet sich mit den verschiedensten Geschmacksqualitäten. Er kann pikant, anregend oder auch süß mit Früchten und Honig bereitet werden. Man wird für Abwechslung sorgen müssen, denn eine Diät muß mit Lust gegessen werden. Nur dann ist sie bekömmlich.

Es ist leicht, von der Schleimdiät einen Übergang zu einem weiteren Aufbau der Nahrung zu finden. Denn der Gerstenschleim läßt sich gut kombinieren mit jeder Art von Gemüse, Salat, Frucht- oder Eierspeisen. Man kann auch ohne Schwierigkeit vom Schleim zu einem Brei- oder Auflaufgericht aus Flocken oder feinem Schrot der Gerste übergehen. Bei diesem Obergang dürfen wir wiederum die Gewürzkräuter nicht vergessen. Die Gerste nimmt ein kräftiges Aroma gerne auf. Es lassen sich pikante und schmackhafte Gerichte bereiten. Das Gewürzkraut hat zudem einen therapeutischen Wert und ist individuell anzuwenden. Es ist der Gerste bereits am Ende des Kochprozesses beizugeben, nicht erst beim Anrichten, denn sonst kann sich die Verbindung beider nicht vollziehen.

Die günstige Wirkung erschöpft sich indessen nicht im Magen-Darmbereich; auch auf entzündete Schleimhäute der Bronchien und des Rachens wirkt der Gerstenschleim wohltuend und lindernd. So ist in England eine Abkochung der Gerste, das sogenannte «Barleywater» ein geschätztes Volksheilmittel bei Erkältungen und Grippe. Hierbei spielt noch eine andere heilende Komponente mit, die schon bei Lonicerus und Dinand erwähnt wurde, nämlich die kühlende Wirkung gegen Hitze und Fieber. Das mag auch bei der Lungentuberkulose von Bedeutung sein; indessen kommt hier noch die Unterstützung der Formkräfte in der Lunge durch die Kieselprozesse der Gerste hinzu.

Gute Erfahrungen konnten mit der Gerste bei der Säuglingsernährung gesammelt werden. Wenn die Mutter nicht stillen kann, was allerdings nur selten der Fall ist, empfiehlt es sich, die Kuhmilch mit einer Abkochung von Gerste zu verdünnen. Dazu werden zwei Eßlöffel vorgeweichte Körner mit 1 Liter Wasser 1½ Stunden gekocht und dann durch ein Haarsieb abgegossen. Der Rückstand darf nicht ausgepreßt werden, da junge Säuglinge die Stärke schwer verdauen können. Erst ab 2. Monat pressen wir die Körner zunehmend durch das Sieb, um mehr Schleim zu gewinnen.

Die Empfehlung von Lonicerus, zur Anregung der Milchbildung eine Abkochung von Gerste mit Fenchel zu geben, hat sich auch in unserer Zeit vielfach bewährt.

Die Hirse

Botanische Merkmale

Das Hirsekorn ist das kleinste unter den Getreidekörnern, dafür aber das härteste: Eine Kieselschale umgibt es, die stets abgeschält werden muß; denn sie ist für den Menschen unverdaulich. Somit läßt sich eine geschälte Hirse trotzdem noch als Vollkornprodukt bezeichnen. Auch das geschälte Korn ist hart wie ein kleiner Kieselstein und eignet sich nicht, roh gegessen zu werden.

Die Ähre der Hirse ist nicht wie bei Weizen, Roggen und Gerste fest gefügt, sondern in einer Rispe gelöst, die einzelnen Ährchen zerflattern gleichsam, von Luft, Licht und Wärme umflutet. Es gibt allerdings auch Hirsearten wie die Kolbenhirse, bei der die Samenfülle mehr zusammengehalten ist.

Die Ähre wird von einem bis zu 1 Zentimeter dicken und 1 Meter hohen Stengel getragen. Die Blätter umschließen den Stengel zunächst scheidig und lösen sich nach oben aufsteigend von ihm ab. Sie bleiben schmal, doch lang und kräftig.

Die Hirse verwurzelt sich stark in der Erde und bildet dabei reichlich Wurzelhaare. In bezug auf Bodenbeschaffenheit und Feuchtigkeit ist sie anspruchslos; denn durch ihre mächtige Wurzelentwicklung ist es ihr möglich, gelöste Stoffe und Feuchtigkeit aus weitem Umkreis zu ver-

Hirse

werten. Sie braucht aber einen gut durchlüfteten Boden, weil die Wurzeln die Bodenluft zum Atmen verwenden. So eignet sich sandiger, mineralstoffhaltiger Untergrund gut für den Anbau von Hirse. Sie wird deshalb auch «Weizen des Sandes» genannt. In Asien baut man sie überall da an, wo sich für den Reis zu wenig Feuchtigkeit findet.

Doch braucht die Hirse viel Wärme. Sie wächst am besten, wenn 3 Monate fast ununterbrochen die Sonne scheint. Die Vegetationszeit ist kurz und währt nur 100–110 Tage. Deshalb bringt die Hirse noch ziemlich weit nördlich gute Erträge; ein kurzer, aber warmer Sommer genügt, um sie zur Reife zu bringen.

Es werden mehrere Arten der Hirse unterschieden. Die drei bemerkenswertesten sind: Rispenhirse, Kolbenhirse und Mohrenhirse.

Die Rispenhirse heißt auch Flatterhirse oder gemeine Hirse. Der botanische Name lautet «panicum miliaceum». Dieses Wort ist abgeleitet aus dem Lateinischen: panis = das Brot und molare = mahlen. Nun ist die Hirse kein Brotgetreide und wird als Brei genossen. Darum dürfen wir vielleicht folgern, daß hier die Bezeichnung Brot als Urbild für Nahrung schlechthin gewählt wurde. Es gibt zwar noch zahlreiche Wildformen, die über die ganze Erde, besonders über die Tropen hin verbreitet sind, doch ist keine davon so nahe mit der «Panicum miliaceum» verwandt, daß man sie als ihren unmittelbaren Vorläufer betrachten könnte.

Die Kolbenhirse – setaria italica – entwickelt 10–15 Zentimeter lange Fruchtstände, die sogenannten Kolben oder Scheinähren. Hier sitzen die körnertragenden Ährchen dicht an der Spindel. Die Kolbenhirse kann eine Höhe von 2 Meter erreichen, in gemäßigtem Klima jedoch nur 0,50 bis 1 Meter.

Als Stammform dieser Art wird von den Botanikern fast einstimmig die grüne Borstenhirse – Setaria viridis – angesehen, die als Unkraut über ganz Europa bis nach Finnland verbreitet ist. Das älteste Dokument, in dem die Kolbenhirse erwähnt wird, findet sich indessen in China. Und gerade dort kommt die Borstenhirse niemals vor. Das macht es so schwer, das Rätsel zu lösen, wie die angebaute Hirse aus Wildformen gezüchtet worden ist. Darüber mehr in den Betrachtungen über die Kulturgeschichte der Hirse.

Was enthält das Hirsekorn?

Alle Getreide sind vom Kiesel geprägt, das Hirsekorn ganz besonders. Der Kiesel vermittelt Formkraft, schließt das Pflanzenwesen für Licht und Wärme auf.

Der Fettgehalt ist mit 5 Prozent fast so hoch wie beim Hafer. Das Fett hängt wiederum mit der Wärmewirkung zusammen. Die Daten für Fluor werden in den Analysen verschieden angegeben.

Aber die vorhandene Menge ist ja nicht das Entscheidende, sondern der Fluorprozeß. Und dieser scheint mit seiner Tendenz zur Härtung bei der Hirse intensiv zu sein.

Der Gehalt an Eiweiß liegt bei 10 %, Zucker 0,5 %, Dextrin 1,1 %, Stärke 60 %, Rohfaser 2,5 %, Mineralstoffe insgesamt 2,8 %. Die Spelze des Hirsekorns muß vor der Verarbeitung zum menschlichen Nahrungsmittel maschinell abgerieben werden. Daß solche Einrichtungen in Mitteleuropa immer seltener geworden sind, erschwert hier die Verwertung sehr.

Hirsemehl hat eine schlechte Backfähigkeit; darum wird Hirse als Brei genossen. Aus den Hirsekörnern können Traubenzucker, Speiseöl und Stärke gewonnen werden.

Über den Anbau[41]

Die Aussaat erfolgt in Gebieten, wo Spätfröste auftreten, nicht vor Mitte Mai. Dabei ist die Hirse zum Keimen auf eine Tagestemperatur von 8–10 Grad Celsius angewiesen. Die Flatter- und Kolbenhirsen bevorzugen eine optimale Temperatur von 32 bis 35 Grad. Die Mohrenhirse dagegen benötigt ein ausgesprochen tropisches Klima mit noch höheren Temperaturen. Die Flatter und Kolbenhirsen wachsen aber auch im gemäßigten mitteleuropäischen Klima, nur bleibt die ganze Pflanze niedriger und der Ernteertrag ist geringer. Der Boden muß sich rasch erwärmen können bei sandigem oder auch lehmigem Untergrund. Die Bodenreaktion soll neutral sein. Verdichtete oder Säurehorizonte im Boden, die sich leicht bei einer falschen Bodenbehandlung und Düngung bilden, sind für das Hirsewachstum unzuträglich. Der Bedarf an Niederschlägen liegt bei 400–700 Millimetern im Jahresdurchschnitt. Im Gegensatz zum Reis ist die Hirse eine Trockenpflanze und kann dadurch den Anbau ergänzen. Hirse soll flach gesät werden, etwa 1–1,5 Zentimeter tief.

Da die Hirse eine langsame Keimung und Anfangsentwicklung hat, ist es möglich, mit der Egge die schneller wachsenden Begleitkräuter zu bekämpfen. Auch sollte das Saatbett vor der Aussaat öfter flach bearbeitet werden, wozu im Frühjahr wegen der späten Aussaatzeit genügend Spielraum vorhanden ist. Um das Überhandnehmen der Begleitkräuter zu vermeiden, ist auch die Auswahl einer Vorfrucht wie Kleegras zu empfehlen.

Die Ernte erfolgt Ende August bis Anfang September. Da die Hirsekörner im Zustand der Vollreife leicht ausfallen, ist der Einsatz eines Mähdreschers nicht zu empfehlen. Hirse sollte vor der Vollreife gemäht werden, dann in

Hocken nachreifen und über eine Plane auf Wagen geladen oder auf dem Feld ausgedroschen werden, was dann mit einem Mähdrescher erfolgen kann, aber mit äußerster Sorgfalt, weil sonst der ganze Ernteertrag auf dem Boden liegt. Um die Vögel abzuhalten, kann man die Anbauflächen mit feinmaschigen Netzen überspannen. Die Ernteerträge liegen bei den echten Hirsearten (Rispen- und Kolbenhirse) zwischen 1800 und 2000 Kilogramm pro Hektar.

Zur Kulturgeschichte der Hirse

Der Anbau der Hirse tritt in unseren Landen kaum noch in Erscheinung. Das war bis zum 19. Jahrhundert anders. Die Hirse war damals neben Gerste, Buchweizen und Hafer eine beliebte Breifrucht. Man nannte sie vielerorts einfach «Breien». Ortsnamen wie Hirslanden, Hirsau und Hirsingen und Familiennamen wie Hirskorn, Hirsenegger und Hirsinger erinnern an den ehemaligen Hirseanbau.

Auch altes Brauchtum zeugt von der Bedeutung, die die Hirse im Bewußtsein der Menschen einnahm. Sie galt als Symbol des Fleißes. Darum wurden der Braut am Hochzeitstag Hirsekörner in die Schuhe gestreut. Das Brautpaar wurde auch mit Hirsekörnern als dem Symbol der Fruchtbarkeit überschüttet. Dieser Brauch gründete sich auf eine alte Mythe: Holda, die Göttin der Liebe und Fruchtbarkeit, wohnte im Hirselberg.

Die Hirse wurde in früheren Zeiten auch «Hirsch» genannt. Am Berchtoldstag wurden «Hirtzehörnli» in Form eines Hirschgeweihs aus Hirse gebacken. Der Hirsch galt als das Sonnentier.

Es ist nicht gelungen, unter den zahlreichen Panicumarten, die als Wildgräser über die ganze Erde, besonders die Tropen, verbreitet sind, einen unmittelbaren Vorläufer für unsere Kulturhirse zu finden. Es fehlt auch an historischen Dokumenten, durch die Licht in das Dunkel der ersten Züchtungen gebracht werden könnte. Auf geisteswissenschaftlichen Forschungsergebnissen Rudolf Steiners fußend, schreibt Alfred Usteri[42] über das frühe Auftreten der Hirse. Er stellt die Getreidezüchtungen aus Wildgräsern als eine Fähigkeit der Menschen der alten atlantischen Kulturperiode dar. So sei es auch erklärlich, daß die heutigen Zentren des Hirsebaus an der südlichen der beiden Straßen liegen, auf denen die Atlantier nach dem Untergang ihres Kontinents gen Osten gewandert sind.

Das älteste Dokument, das von der Kolbenhirse berichtet, findet sich, wie erwähnt, in China. In der Verordnung des Kaisers Shen-Nung, ungefähr 2800 Jahre v.Chr., werden die fünf den Chinesen als heilig geltenden Pflanzen erwähnt: der Reis, die Kolben- und Mohrenhirse, der Weizen und die Sojabohne.

Wie stark sich der Chinese durch die Hirse mit der göttlichen Welt verbunden fühlte, zeigt das chinesische Hirsemärchen, das von Usteri überliefert wurde: Ein Knabe fand ein Hirsekorn, aus dem eine Rispe erwuchs. Da kam der Vogel Rokh, pickte die Rispe ab und flog mit ihr und dem Knaben davon. Er entführte die beiden in eine ferne Welt. Nach einer Zeit kehrte der Knabe wieder in seine irdische Heimat zurück, beladen mit Geschenken, die nicht von der Erde stammen, sondern von der Gold- und Silberinsel, die jenseits des Meeres liegt. Usteri fügt hinzu, die Überzeugung, daß von der Hirse gute geistige Strömungen ausgehen, veranlaßte den Javaner, Hirse um die Reisfelder herum zu säen. Unter ihrem Einfluß soll der

Reis zu üppigem Wachstum und reicherem Fruchtansatz angeregt werden.

Man nimmt an, daß die Kultur der Mohrenhirse im Norden Afrikas älter ist als in China. Es wird als Stammform das «Bartgras von Aleppo», genannt, das nicht nur in Vorderasien, sondern auch, wie Funde aus Brasilien zeigen, in Amerika beheimatet ist.

Hirsekörner wurden in den europäischen Pfahlbauten der Stein- und Bronzezeit Europas entdeckt und auch in der altägyptischen vordynastischen Zeit nachgewiesen. Die Gallier bauten nach Maurizio hauptsächlich Hirse an. Auch bei den Germanen war die Hirse beliebt, wurde aber später durch den Hafer verdrängt.

Im Mittelalter war die Hirse in Deutschland, Rußland und Polen sehr verbreitet. Sie wurde mit Stampfern enthülst, auf dem Herd oder im Backofen geröstet und getrocknet.

Heute findet man die Hirse noch in Nordchina, Mittelasien, Indien, Südrußland, dem Balkan, Südfrankreich, Afrika, Südamerika und den Vereinigten Staaten von Amerika. Die Weltproduktion von Hirse liegt höher als beim Hafer und Roggen, aber niedriger als bei Weizen, Mais und Reis. An der Spitze der Weltproduktion liegen die Vereinigten Staaten von Amerika, Indien, Nigeria, Rußland und einige afrikanische Staaten.

Wirksamkeiten im Menschen

Das Wesen der Hirse ist bestimmt durch den Kiesel und die Wärme. Die alten Ärzte würden sagen: Die Hirse ist trocken und warm. Es lebt ein blütiges Element in ihr, der Anblick der lockeren Ährenrispe verrät es. Und doch dürfen wir nicht vergessen; in allen Getreiden wirken «Wurzelkräfte», das heißt, ein salzartiges, mineralisierendes Prinzip. Beides ist in der Hirse vereint: das Wärmende, Lösende und das Harte und Feste. Sie finden sich in diesem Korn so gut zusammen, weil das hier erscheinende Mineral, der Kiesel, ja durchlässig ist für Wärme und Licht. Er löst sich zudem im lebenden Gewebe fein verdünnt als «Kolloid», das heißt, in winzigen Kügelchen.

Die Kieseldynamik

Der menschliche Organismus ist von einer feinen Kieselstruktur durchzogen, die bis in die Haut und die Sinnesorgane strahlt. Unsere Augen sind vom Kiesel geprägt, unsere äußere Hautschicht gleicht einem Kieselmantel. Auch die inneren Organe sind vom Kiesel umhüllt. Dadurch sind Abschlüsse geschaffen. Es können aber zugleich auch Verbindungen geknüpft werden; denn der Kiesel ist ja durchlässig für feinste Entitäten wie Licht und Wärme, so daß er einer Reizleitung dienen kann.

Die Ernährung mit Hirse aktiviert den Kieselorganismus. Das zeigt sich zunächst in einer gesunden Wirkung auf die Haut und ihre Anhangsgebilde: Brüchige Nägel werden wieder glatt und lassen sich besser schneiden, die Haare gewinnen einen schönen Glanz.

Im Hinblick auf die Haut kommen wir in Gefahr, entweder zu «dickfällig» oder zu offen für die Umweltreize zu werden. Der heutige Mensch wird von Sinnesreizen überflutet und ist daher gar zu leicht bestrebt, sich von der Außenwelt abzuschließen. Das erreicht er am sichersten durch Fleisch- und Kartoffelkost: die Leibesorganisation wird dichter und die Geist-Seele fester an sie gebunden.

Aber der Mensch verliert die Durchlässigkeit für feine geistige Strömungen; seine Aufnahmefähigkeit für spirituelle Zusammenhänge stumpft ab. Dieser Preis für eine Abschirmung gegen die Außenreize ist sehr hoch. Viele wenden sich daher einer Nahrung zu, in der Kieselprozesse besonders aktiv sind, wie wir sie im Getreide und bevorzugt in der Hirse finden. Dann wird die Funktionstüchtigkeit der Peripherie und damit die Abwehrkraft nach außen gestärkt, ohne daß die spirituelle Sensibilität verlorengeht.

Die Hirse hat sich bei der Behandlung von Hautkrankheiten als Diätetikum bewährt. Es empfiehlt sich in solchen Fällen, konsequent vorzugehen. Das heißt: Morgens ein Müsli mit Hirseflocken, Früchten, Nüssen, Honig. Mittags eine Rohkostplatte oder Gemüsebeilage mit gekochter und pikant abgeschmeckter Hirse, abends Hirsebrei mit Dörrobst. Diese Kost ist mehrere Wochen durchzuführen. Bei Bedarf können Zwischenmahlzeiten mit einem Sauermilcherzeugnis eingelegt werden.

Auch zur Unterstützung einer Augenbehandlung ist eine Hirsediät zu empfehlen.

Eine instinktive Vorliebe für Hirse finden wir oft bei Kindern. Diese leben stark in den Sinnen und verlangen eine Nahrung, die sie in den Sinnesvorgängen nährt.

Auch die Hüllen der inneren Organe dürfen weder zu dünn noch zu dick sein. Sie müssen das rechte Maß haben, damit die Organe einander «wahrnehmen» können. Zum Beispiel muß die Leber «wissen», was die Niere tut. Aber sie dürfen sich auch nicht gegenseitig irritieren wie beim Krankheitsbild der vegetativen Dystonie. Für all das ist der «Kieselorganismus» verantwortlich. Wir unterstützen seine Funktion durch eine Ernährung mit Hirse (siehe auch Seite 45).

Wegen des Kieselreichtums wird Hirsespreu gerne zum Füllen von Kissen, besonders für Säuglinge benutzt. Sie vermittelt Formkräfte und ist gut für die Haut.

Der Fluor macht die Hirse zu einem wertvollen Nahrungsmittel zur Verhütung von Zahnkaries. Hier steht sie wohl zusammen mit dem Hafer an erster Stelle unter den Getreiden.

Aber an einem leidet die Hirse Mangel. Das ist der Kalk. Darum empfiehlt es sich, zur Hirse als Ausgleich Milch zu geben.

Die Wärmebildung

Die bedrohlichen Krankheiten unserer Zeit wie Sklerose, Degeneration der Zellgewebe mit Ablagerungen und Karzinom beruhen auf «Erstarrung» als Folge einer mangelhaften Wärmedurchflutung des Organismus. Anders die Todeskrankheiten unserer Vorfahren: Tuberkulose, Pest, Typhus oder Cholera gingen mit hohem Fieber einher.

Es ist typisch für den Krebskranken, daß er nur schwer Fieber bekommt. Überwärmungsbäder gelten beim Karzinom als erprobtes Heilmittel, auch mit der Mistelbehandlung wünscht der Therapeut, Temperaturerhöhungen zu erreichen.

Fieber ist nicht nur ein Krankheitssymptom, das zu bekämpfen ist, es hat auch heilsame Effekte. Ja, es ist oft eine Hilfe gegen die Zivilisationskrankheiten. Das gilt insbesondere für unsere Kinder. Sie drohen in eine Art Erstarrung hineinzuwachsen. Da bewirken die Kinderkrankheiten mit Fieber eine Auflockerung. Es ist eine tiefe Tragik, daß durch die Impfungen vielen Kindern die Möglichkeit zu dieser heilsamen Entwicklung genommen wird. Verantwortungslos in hohem Maße ist es zudem, jeden fieberhaften Infekt mit einem Antibiotikum zu überdecken.

Wodurch werden die Wärmeprozesse bei den heutigen Menschen gehemmt, was wirkt auf ihn abkühlend? Da ist so manches anzuführen: Der überbetonte kühle Kopf, der dominierende Intellekt, Leistungsdrill schon in der Schule, Angst vor dem Versagen, Unterdrückung des Gefühlslebens aus dem warmen Herzen, mangelhafte Bewegung, Willensblockade, Fehlen der feurigen Begeisterung, Verkrampfung des Seelenlebens – das alles kommt zusammen. Aber auch die unzweckmäßige Bekleidung ist zu erwähnen und vor allem: die raffinierte konventionelle Kost. Denn der Stoffwechsel, der eigentliche Wärmeproduzent, wird durch sie zu wenig aktiviert. Vielleicht denkt jetzt ein Leser an die Hitze und den roten Kopf nach einem opulenten Mahl mit viel Fleisch und Fett und wirft ein: das macht doch warm! Ja, nach außen, zur Peripherie hin. Aber da verpufft die Wärme. Das innere Zellgewebe muß die Wärme entbehren; das schwere tierische Fett blockiert die Wärmebildung – eine Ursache der Sklerose.

Ganz anders die Wirkung der Hirse. Sie aktiviert den Stoffwechsel und wärmt von innen her. Dieser Effekt ist schon seit alters her bekannt. Es gibt einen alten Segensspruch des Abtes Ekkehard aus dem Kloster St. Gallen: «Möge die Hirse dir nicht das Fieber und die Hitze bringen.» Das war früher gefürchtet. Die Wärmeerzeugung ist aber heute eine Wohltat, eine Auslösung von Fieber durch den Genuß von Hirse ist für den heutigen Menschen nicht mehr bedrohlich. So können wir den alten Spruch abwandeln und sagen: Möge die Hirse dir Wärme bringen, das beste Mittel zur Vorsorge der Zivilisationsschäden!

Zum Abschluß dieser Betrachtungen soll das Märchen vom süßen Hirsebrei aus der Sammlung der Gebrüder

Grimm[43] stehen. In ihm lebt etwas von der überquellenden Nährkraft der Hirse.

Das Märchen vom süßen Brei

Es war einmal ein armes frommes Mädchen, das lebte mit seiner Mutter allein, und sie hatten nichts mehr zu essen. Da ging das Kind hinaus in den Wald, und begegnete ihm da eine alte Frau, die wußte seinen Jammer schon und schenkte ihm ein Töpfchen, zu dem sollt es sagen «Töpfchen, koche», so kochte es guten süßen Hirsenbrei, und wenn es sagte «Töpfchen, steh», so hörte es wieder auf zu kochen. Das Mädchen brachte den Topf seiner Mutter heim, und nun waren sie ihrer Armut und ihres Hungers ledig und aßen süßen Brei, so oft sie wollten. Auf eine Zeit war das Mädchen ausgegangen, da sprach die Mutter «Töpfchen, koche», da kocht es, und sie ißt sich satt. Nun will sie, daß das Töpfchen wieder aufhören soll, aber sie weiß das Wort nicht. Also kocht es fort, und der Brei steigt über den Rand hinaus und kocht immerzu, die Küche und das ganze Haus voll, und das zweite Haus und dann die Straße, als wollts die ganze Welt satt machen, und ist die größte Not, und kein Mensch weiß sich da zu helfen. Endlich, wie nur noch ein einziges Haus übrig ist, da kommt das Kind heim, und spricht nur «Töpfchen steh», da steht es und hört auf zu kochen; und wer wieder in die Stadt wollte, der mußte sich durchessen.

Der Roggen

Vom Wesen des Roggens

Der Roggen stellt an den Boden geringere Ansprüche als der Weizen. Er ist genügsamer und kann in kargeren Landstrichen angebaut werden, wo der Weizen nicht mehr gedeiht. Das gilt besonders für Höhenlagen. Im deutschen Mittelgebirge finden wir ihn bis 900 m Höhe, in den Alpen steigt er meist bis 1400 Meter, ja, in der Gegend des Matterhorns sogar bis zu 2100 Meter auf. Er ist ein rechtes Gebirgs-Getreide.

Der Roggen liebt Ätherverhältnisse mit viel Licht, Luft und Kühle. Bei seiner Winterfestigkeit umfaßt sein Ausbreitungsgebiet daher Mitteleuropa, Holland, einzelne Teile Skandinaviens sowie östliche Gebiete, besonders Polen und Rußland. In Mecklenburg, Thüringen und Österreich heißt er einfach «Korn». Das will besagen, daß er dort von allen Getreiden am höchsten geschätzt wurde.

Er beeindruckt uns durch seine kraftvolle Erscheinung; seine Standfestigkeit drückt sich in den statischen Verhältnissen aus. Es wurde bereits auf die Zahlen hingewiesen: Die Höhe der Pflanze verhält sich zum Durchmesser des Halms etwa wie 300 bis 500 : 1. Stellen wir uns einen Turm vor: 500 Meter hoch und einen Meter im Durchmesser. Das würde der Statik des Roggens entsprechen. Und mehr noch: Der Halm trägt eine mächtige Ähre, er wiegt sich im Wind und hält dem Regen und den Stürmen stand.

Diese Bildung verlangt starke Wurzelkräfte. So durchdringt der Roggen mit seinem Wurzelwerk den Boden sehr tief, verzweigt sich weit und lockert die Erde dabei auf. Das weiß der Landmann zu schätzen: Er wird gerne in der Fruchtfolge angebaut, um mit Hilfe seines energischen Durchwurzelns den Boden zu regenerieren.

Die Roggenähre trägt immer Grannen. Das deutet auf einen intensiven Kieselprozeß hin. Allerdings hat das Korn keine Spelze; der Roggen ist wie der Weizen ein Nacktgetreide.

Das Roggenkorn ist länglich und grau-blau bis gelblich getönt, Blautönung erhält das Korn durch den Blütenfarbstoff Antozyan. Da das Korn noch nahe dem Gefrierpunkt keimt, wird der Roggen vorwiegend als Wintergetreide angebaut. Man sät ihn im September auf den nach der Ernte abgeräumten und vorbereiteten Acker.

Etwas Besonderes ist beim Roggen die leuchtend rote Farbe der Triebspitzen. Sie währt nur kurz, dann grünt es wieder.

Noch vor Einbruch der Kälte können sich die Roggensämlinge bestocken und sind dann sehr winterfest und frostbeständig. Die Entwicklung der Pflanze zieht sich über das ganze Jahr hin; der Roggen erlebt alle Monate des Jahreskreislaufs mit. Im August ist Erntezeit, im nächsten Monat wird schon wieder ausgesät.

Der Roggen blüht – den klimatischen Bedingungen und dem Standort entsprechend – Ende Mai oder auch noch im Juni. Schon früh am Morgen gegen 6 bis 7 Uhr hebt das Blühen an. Die Spelzen werden durch Schwellkörper geöffnet und die Staubbeutel herausgedrückt. Diese reißen dann auf, und der Wind kann nun den Pollen-

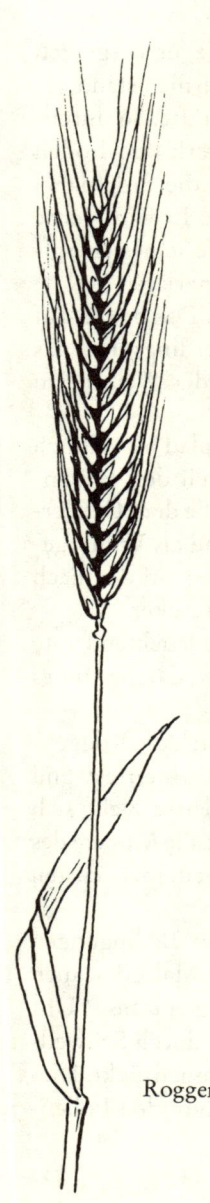

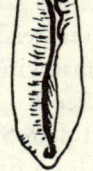

Roggen   Rückseite   Bauchseite
           Roggenkorn

staub in dichten Wolken über das Feld tragen. Beim Weizen vollzieht sich die Bestäubung innerhalb der Ähre, von Ährchen zu Ährchen, der Roggen dagegen ist auf Fremdbestäubung angewiesen. Das ist der Grund, warum es nicht leicht ist, eine Roggensorte rein zu erhalten. Er mischt sich gerne mit der Sorte eines anderen Feldes, wenn eine Pollenwolke über die Grenzen hinwegzieht.

Züchtung und Anbau

Die moderne Züchtung strebt danach, Roggensorten mit höherer Ertragsfähigkeit zu gewinnen. Die bekannteste Roggensorte ist «von Lochows Perkuser Roggen». Diplomlandwirt Almar von Wistinghausen schreibt über dessen Entstehung: «Herr von Lochow, der Besitzer des Gutes Petkus in der Mark Brandenburg, fand bei einem sonntäglichen Gang durch die Felder eine ganz besonders schöne ährentragende Roggenpflanze. Durch Selektionszüchtung ist daraus eine neue, sehr ertragreiche Sorte hervorgegangen.»[44]

Dieser Roggen war früher etwa zwei Meter hoch. Man hat mit den langen Halmen Strohdächer gedeckt oder sie als Bindeseil zum Garbenbinden verwendet. Aber später störten sie bei der maschinellen Verarbeitung, besonders im Mähdrescher. Auch verlor der Roggen durch die Kunstdüngeranwendung seine Standfestigkeit. Darum versuchte man, einen Kurzstrohroggen zu züchten. Der Grannenbesatz der Spelzen an der Roggenähre blieb allerdings erhalten. Dieser Bereich ist ein wesentliches Organ der Pflanze, um Lichtwirkungen aufzunehmen und in Nahrungsqualität der Körner zu verwandeln.

In der biologisch-dynamischen Arbeit hat Martin

Schmidt eine neue Züchtungsmethode für den Roggen entwickelt, die besonders qualitative Gesichtspunkte berücksichtigt. Der «Martin-Schmidt-Roggen» hat lange kräftige Ähren und langes Stroh. Er wird in vielen biologisch-dynamischen Betrieben mit Erfolg angebaut. Chemischen Dünger verträgt er schlecht. An den zukunftsweisenden Methoden wird weitergearbeitet.[45]

Auf fruchtbaren Böden ist der Ertrag des Roggens trotz neuer Züchtungen und Kunstdüngergaben niedriger als beim Weizen. Aus diesem Grunde wird der Weizenanbau vorgezogen, und der Anbau des Roggens geht immer mehr zurück. Hinzu kommt, daß es den Züchtern nicht gelang, die für den Mähdrescher notwendige Verminderung der Strohwüchsigkeit bei gleichzeitiger Verbesserung der Standfestigkeit zu erreichen.

Der Roggen liebt ein gut vorbereitetes, fast gartenmäßig bestelltes Feld. Er muß flach gesät werden. Ein alter Spruch der Bauern sagt: «Der Roggen will die Glocken läuten hören.» Die Pflanze aber wurzelt tief, wenn sie in die Unterschichten des Bodens eindringen kann. Verdichtete und verhärtete Untergründe verträgt sie schlecht. Hilfreich zur Bodenlockerung sind Lupinen. Almar von Wistinghausen schreibt darüber: «Schulz-Lupitz, der große Vorkämpfer für die Verwendung von Leguminosen im Zwischenfruchtbau und der Gründüngung, baute auf Sandboden Lupinen. Diese Art der Roggenbestellung brachte vor der Zeit der starken Anwendung von Mineraldüngern einen gesicherten und viel größeren Ertrag. Sie geriet später leider wieder in Vergessenheit.»[44]

Durch die Eigenschaft des tiefen Durchwurzelns gewinnt der Roggen in hohem Maße die Fähigkeit, den Boden zu harmonisieren und Schäden auszugleichen, die durch ungünstige Natureinflüsse und menschliche Einwirkungen entstanden sind. Diese große Bedeutung des Roggens für die Erhaltung unserer landwirtschaftlichen Kulturböden wird heute kaum noch beachtet.

Um ein gut bekömmliches, kräftiges Brot aus Roggen oder ein Spezialgebäck wie Knäckebrot zu bereiten, müssen hohe Anforderungen an das Mahlprodukt des Roggens gestellt werden. Sie werden am besten erfüllt, wenn der Boden biologisch-dynamisch bewirtschaftet wird.

Die gesamte Roggenerzeugung in der Bundesrepublik liegt heute allerdings nur noch bei jährlich 2,5 Millionen Tonnen. Trotzdem werden noch nahezu 80 Prozent der Roggenerzeugung der Europäischen Gemeinschaft (EG) in der Bundesrepublik geerntet. Das bringt die Stellung des Roggens im deutschen Sprachraum zum Ausdruck.

Aus der Kulturgeschichte

Wie die anderen Getreide ist auch der Roggen eine Gabe der Demeter und hat seinen Ursprung auf dem untergegangenen Kontinent Atlantis. Aber während die Hirse auf südlichen Wegen ihre neue Heimat fand, wurden Roggen und Hafer in den nördlichen Breiten angebaut. Dabei dürfen wir nicht an die heutige Form des Anbaus denken. Die Erde war damals noch lebenskräftiger und bildsamer als in späteren Zeiten und brauchte nicht gepflügt zu werden. Auch hatten die Menschen die Fähigkeit, gleichsam «magisch» das Pflanzenwachstum zu beeinflussen und konnten sich immer wieder aufs neue die Getreide aus Wildformen «züchten». Diese Fähigkeit verlor sich in der nachatlantischen Zeit. Aber die Getreideformen blieben den Menschen und gediehen unter den ihnen gemäßen klimatischen Bedingungen. Diese wiederum prägen das Wesen der Menschenrassen, die von den Getreiden lebten. Der Roggen war einer Höhenlandschaft mit einfachen Böden verwandt, wie sie sich im nördlichen und östlichen Teil Europas finden. Hier lebten die Völker der Kelten und Slawen. Diesen kraftvollen Volksstämmen war der Roggen die gemäße Nahrung; den Römern allerdings gefiel schon damals die kräftige Roggenspeise der «Barbaren» weniger gut, und sie bevorzugten den helleren, leichteren Weizen.

Das hat sich bis heute so in den südlichen, aber auch in den westlichen Ländern wie Frankreich erhalten. In den westlichen Grenzgebieten Deutschlands, wo französische und deutsche Siedlungen bunt durcheinandergewürfelt sind, kann man die Zugehörigkeit zu dem jeweiligen Volkstum am hellen oder dunklen Brot erkennen. Goethe spricht vom Brot als dem «Schibboleth» (Erkennungszeichen) des deutschen oder französischen Volkes. Der Franzose liebt das weiße Weizenbrot, der Deutsche zieht das dunkle Roggenbrot vor. In seinem Gedicht «Soldatentrost» drückt das Goethe humorvoll aus:

> «Nun, hier hat es keine Not,
> Schwarze Mädchen, weißes Brot.
> Morgen in ein andres Städtchen,
> Schwarzes Brot und weiße Mädchen.»

Fragen wir nun nach der Ableitung des Wortes «Roggen». Die älteste Bezeichnung im Mittelhochdeutschen lautet «rocke» oder «rocko». Der Slawe sagte: «ruzi». Diese Bezeichnung erinnert an Rußland = «russi, russj». Deutet sie darauf hin, daß der Roggen besonders in Rußland kultiviert wurde und dort die bevorzugte Volksnahrung war? Werner Simonis tritt in seinem Getreidebuch dafür ein.[27]

Die Weiterverarbeitung des Roggens

Der Roggen eignet sich vorzüglich zum Brotbacken. Roggenbrot hält sich länger frisch und saftig, während reines Weizenbrot schnell altbacken wird. Am besten mischt man Roggen mit Weizen zusammen; man kann schließlich auch noch etwas Gerste und Hafer mit dazu nehmen.

Wer selbst im Hause Brot backen will, sollte sich eine elektrische Schrotmühle anschaffen und frisch schroten. Sehr gute Körner sind als «Demeter-Speise-Roggen» im Handel. Es gibt aber auch ein gutes Demeter-Roggenmehl «Type 1050».

Außer dem Brot läßt sich aus dem Roggen eine Vielfalt von Gerichten herstellen. Sie sind herzhaft im Geschmack und sehr kräftigend. Früher aß in unseren Landen der Bauer zum Frühstück seinen «schwarzen Brei», eine reine Roggenspeise. Damit war er für die Landarbeit aufs beste gerüstet. Der moderne Mensch verträgt indessen diesen Brei nicht ohne weiteres. Er liegt ihm zu schwer im Magen. Daher wird man Roggen feiner schroten, mit Kümmel würzen und vielleicht vorher darren. Oder man beschafft sich eine Thermo-Roggengrütze. Hier ist der Roggen durch Wärme und feine Quellvorgänge aufgeschlossen und daher leichter verdaulich. Das Thermoverfahren hat den weiteren Vorteil, daß die Körner auch geschrotet oder in Form von Grütze noch haltbar sind.

Wirksamkeiten im Menschen

In der alten «Signaturenlehre», nach der noch Paracelsus heilte, wird vom Erscheinungsbild einer Pflanze auf die Wirkung im Menschen geschlossen. Welche Phänomene bringt der Roggen unter den Getreidearten besonders zum Ausdruck?

Da ist zunächst die starke Wurzelbildung, als Auseinandersetzung mit dem Mineralischen, sodann die Formkraft, die sich in der Pflanzengestalt und ihrer Standfestigkeit kundtut. Schließlich fühlen wir uns davon berührt, daß der Roggen von der Saat bis zur Ernte den ganzen Jahreskreislauf umspannt. Erinnern wollen wir uns auch an die intensive Rötung der Keimspitzen bei der ersten Berührung mit dem Licht. – Was kann das alles für den Menschen und seine Ernährung bedeuten?

Die Wurzelkräfte wirken, wie bereits dargestellt wurde, auf die Prozesse im menschlichen Haupt, auf das Nerven-Sinnessystem. Das ist allen Getreidearten eigen, vornehmlich dem Weizen, der Gerste und eben dem Roggen. Die Gerste macht nach unseren Erfahrungen am wachsten, der Roggen verbindet diesen Effekt mit der Anregung von Formkräften. Auch diese gehen ja vom Kopf aus. Die Mineralisierung setzt sich bis hinein in das Knochensystem und die Gelenke fort. Kieselprozesse ergreifen das Bindegewebe. So kann ein Getreide, das wie der Roggen uns durch seine Standfestigkeit beeindruckt, dem Menschen Aufrichtekraft vermitteln. Wie not tut das heute, besonders den Jugendlichen! Rekrutenuntersuchungen haben gezeigt, daß kaum einer unter ihnen noch eine völlig normale Wirbelsäule hat. Und braucht der Mensch, der in unsere Zeit hereinwächst, nicht gerade «Rückgrat», um sich bei der drohenden Vermassung behaupten zu können?

Betrachten wir nun die Beziehung des Roggens zum Sonnenlicht. Drei Eigenarten treten hervor: Die Spanne von der Saat bis zur Ernte umschließt den ganzen Jahreslauf, die erste Begegnung der Triebspitzen mit dem Licht läßt das Grün rot aufflammen, der Roggen bevorzugt Höhenlagen, das heißt hohe Lichtintensität.

Was entsteht durch das Licht in der Pflanze? Das Kohlenhydrat ist die Verbindung der lichtvollen Sonnenkräfte mit der Erde. Das Licht läßt aus Wasser und Luftkohlensäure die Stärke entstehen. Diese ist der hauptsächliche Nährstoff in der Getreidepflanze und wird im Korn gespeichert. Nun ist Kohlenhydrat aber nicht gleich Kohlenhydrat. Entscheidend ist die Verbindung mit dem Licht. Und wir dürfen annehmen, daß das Kohlenhydrat des Roggens stark vom Licht geprägt ist und entsprechend im Menschen wirkt.

Es ist allgemein anerkannt, daß sich der Gehirn- und Nervenstoffwechsel auf einen Kohlenhydratumsatz stützt. Dabei kommt es nicht auf den reinen Zucker an, nur eine komplexe Verbindung mit sogenannten Begleitstoffen, wie sie sich im vollen Korn finden, kann diese Aufgabe erfüllen. Hierbei bestehen Qualitätsunterschiede je nach der Lichtintensität bei der Bildung von Kohlenhydraten in der Pflanze.[20]

Die Kohlenhydrate des Korns haben die Aufgabe, Gestaltungskräfte im menschlichen Organismus zu vermitteln. Diese gehen von den mittleren und hinteren Teilen des Gehirns aus. Hier dürfen wir an gewisse Zentren denken, deren Funktion in diesem Sinn bekannt ist. So treten bei Ausfall der Hirnanhangsdrüse Verzerrungen und Vergröberungen der Gestalt auf. Auch Atmung und Sprache hängen nach den Angaben Rudolf Steiners mit dem Kohlenhydratstoffwechsel der hinteren Gehirnpartien zusammen. So hat hier die Ernährung mit Roggen ihre Bedeutung.

Eine weitere Aufgabe der Kohlenhydrate ist es, der Bewegung im ganzen Organismus zu dienen. Hierbei ist zu betonen, daß nicht der fertige Zucker die Kraft dazu vermittelt, sondern es ist wesentlich, daß der Körper Kraft aufwendet, aus dem Kohlenhydrat die Stärke und aus ihr den Zucker zu bilden. «Nahrung, die schon ein bißchen nur nach dem Kraut neigt, Kohlehydrate hat, die gibt dem Körper Kräfte, die er zum Arbeiten braucht, zur Bewegung braucht... Im Weizen oder Roggen sind nun auch die Kohlehydrate, und zwar so, daß der Mensch in der günstigsten Weise Stärke bereitet, Zucker bereitet, sich also eigentlich durch die Kohlehydrate der Feldfrüchte so stark machen kann, als es nur möglich ist. – Denken Sie nur einmal, wie stark gerade die Leute auf dem Lande werden dadurch, daß sie einfach viel von ihrem Brot essen, in dem die Feldfrüchte drinnen sind! Sie müssen nur an sich schon gesunde Körper haben; gerade wenn man gröberes Brot verträgt, ist es eigentlich die allergesündeste Nahrung.»[46] Wenn Rudolf Steiner hier von einem «groben» Brot spricht, meint er sicherlich das Roggenbrot.

Aus diesen Angaben geht deutlich hervor: Der Roggen ernährt den Menschen an Haupt und Gliedern. Er ist für den Geistesarbeiter und den körperlich Arbeitenden gleichermaßen ein wesentliches Grundnahrungsmittel.

Aber auch den mittleren Bereich erhält der Roggen gesund: Herz und Lunge werden durch die formenden Kräfte gestärkt und durch die Anregung der Bewegungselemente in ihrer rhythmischen Tätigkeit gefördert.

Nun soll noch ein Merkmal hervorgehoben werden, das den Roggen vor allen anderen Getreidearten auszeichnet. Es ist die Beziehung zur Leber. Diese ist durch den hohen Kaliumgehalt des Roggens gegeben. Kalium ist die Substanz, die eine günstige Wirkung auf die Leber ausübt. Darauf weist der Kinderarzt Wilhelm zur Linden[47] in seinem grundlegenden Werk hin. Aber wiederum muß betont werden: Der Roggen ist in einer Weise zu bereiten, die auch einer geschwächten Leber die Verdauung ermöglicht.

Zum Abschluß der Betrachtungen des Roggens folgt ein Gedicht aus Finnland. Der Bauer Paavo ringt mit den Naturgewalten, um Roggen für das tägliche Brot zu ernten. Der Roggen wird ja oft in klimatisch ungünstigen Lagen angebaut, wo die Menschen kärglich ihr Leben fristen. Aber in der Not wächst oft die Brüderlichkeit – mehr als im Wohlstand.

Der Bauer Paavo

Fern in Saarijärvis Wäldern baute
Frost bedrohten Grund der Bauer Paavo,
Pflegte seinen Hof mit zähen Armen,
Doch vom Herrn erhoffte er die Ernte.

Und er wohnte dort mit Weib und Kindern,
Aß im Schweiß sein karges Brot mit ihnen,
Zog die Gräben, pflügte auf und säte.
Frühling kam, der Schnee schmolz ab vom Acker,
Schwemmte weg von seiner Saat die Hälfte.
Sommer kam, es fiel ein Hagelschauer,
Schlug die Hälfte von den Ähren nieder.
Herbst kam und der Nachtfrost nahm, was übrig.

Paavos Weib, sie rauft ihr Haar und sagte:
«Paavo, Paavo, unglückselger Alter,
Nimm den Stab, denn Gott hat uns verstoßen»!
«Mische Rinde du ins Brot zur Hälfte,
Ich will ziehen doppelt soviel Gräben
Und vom Herrn die Ernte uns erhoffen.»

Rinde mischt das Weib ins Brot zur Hälfte,
Doppelt soviel Gräben zieht der Alte,
Für die Schafe kauft zur Saat sich Roggen.

Frühling kam, der Schnee schmolz ab vom Acker
Ohne mehr die Keime wegzuschwemmen.
Sommer kam, es fiel der Hagelschauer,
Schlug die Hälfte von den Ähren nieder.
Herbst kam, und der Nachtfrost nahm was übrig.

Vor die Brust sich schlug das Weib und sagte:
«Paavo, Paavo, unglückselger Alter.
Laß uns sterben! Gott hat uns verstoßen.
Schwer ist es zu sterben, doch zu leben schlimmer.»
Paavo nahm sie bei der Hand und sagte:
«Prüfen will der Herr und nicht verstoßen.
Mische doppelt mehr ins Brot die Rinde,
Ich will ziehn die Gräben doppelt größer
Und vom Herrn die Ernte uns erhoffen.»

Doppelt mehr ins Brot mischt sie nun Rinde,
Doppelt größer zieht der Greis die Gräben.
Für die Kühe kauft zur Saat sich Roggen.

Frühling kam, der Schnee schmolz ab vom Acker
Ohne mehr die Keime wegzuschwemmen.
Sommer kam, es fiel der Hagelschauer,
Doch er schlug nichts von den Ähren nieder.
Herbst kam und der Nachtfrost, fern vom Acker,
Ließ die gold'ne Saat dem Schnitter reifen.

Da fiel Paavo auf die Knie und sagte:
«Prüfen will der Herr und nicht verstoßen.»

Und sein Weib fiel auf die Knie und sagte:
«Prüfen will der Herr und nicht verstoßen.»
Aber freudig sprach sie zu dem Alten:
«Paavo, Paavo, nimm mit Lust die Sichel!
Es ist Zeit zu leben frohe Tage,
Es ist Zeit die Rinde wegzulassen
Und aus reinem Roggen Brot zu backen.»

Paavo nahm sie bei der Hand und sagte:
«Weib, oh Weib, nur der besteht die Prüfung,
Der nicht in der Not verstößt den Nächsten.
Mische Rinde du ins Brot zur Hälfte,
denn erfroren steht des Nachbars Acker.»

      Johann Ludwig Runeberg
      1804–1877

Der Hafer

Hafer und Golfstrom

Jede unserer Getreidearten hat eine besondere Beziehung zu den klimatischen Verhältnissen. So bevorzugt der Hafer das Seeklima der nördlichen Breiten Europas. Hier herrscht der Golfstrom, dieser geheimnisvolle Fluß im Meer. Ohne ihn gliche Nordeuropa etwa der Landschaft Labradors, wo größere Siedlungen und eine Bodenkultur und Lebenskultur, wie wir sie kennen, nicht möglich sind. Der Golfstrom macht sozusagen aus unseren Landen ein «mildes Treibhaus», ein leicht geheiztes, gut durchfeuchtetes Warmbeet. Hans Leip[48] führt in seinem umfassenden Buch über den Golfstrom die sonderbare Reizbarkeit des Europäers, die europäische Unruhe, das «schöpferische Fieber», die großartige Fülle der europäischen Kultur auf den feuchtwarmen Atem des Golfstroms und die gewisse Unregelmäßigkeit seiner «Heizungs- und Gartenbedienung» zurück. Er schreibt: «Nirgends in der Welt gibt es wie hier den geborenen Unzufriedenen, der täglich mit klimatischer Erregtheit gesäugt wird und immer bestrebt scheint, aus seiner Haut hinaus zu fahren. Das hat ihn zu ungewöhnlichen Leistungen befeuert und zu vielem Unfug. Das macht ihn zum Auswanderer aus allem Hergebrachten, zum Weitschweifer und ewigen Sucher.»

Nicht zufällig wurde der Hafer gerade in diesem Bereich heimisch. Er trägt bei aller Verwandtschaft zu feuchter Kühle ein Feuer in sich, das ihn geeignet macht, den unruhevollen, ewig tatendurstigen Bewohner jener Landstriche zu ernähren. Wir sagen von einem solchen Menschen gern: Ihn sticht der Hafer.

Es hat sich in den Jahrhunderten eine umfassende Beziehung herausgebildet zwischen Klima, Mensch und dem bevorzugten Getreide. Um das zu verdeutlichen, brauchen wir nur das Bild der Reisesserin in Peking neben den Hafer essenden Westeuropäer zu stellen. Welch verschiedenartige Welten tun sich da kund! Freilich, es wird heutzutage bei uns nicht mehr viel Hafer gegessen. Aber das war früher anders. Da war Hafer in der Tat in unseren Landen der Grundstock der menschlichen Ernährung.

Das englische Porridge ist noch ein Nachklang. In den letzten Jahrzehnten scheint sich wiederum eine Renaissance des Hafers anzukündigen. Man erlebt, wie wohl dieses Getreide gerade den Bewohnern der Küsten des Golfstroms tut.

Botanische Betrachtungen

Der Hafer bildet nicht wie Weizen, Gerste und Roggen eine feste, kompakte Ähre, sondern Rispen. Hierbei sind die einzelnen Ährchen an feinsten Trägern aufgehängt und bewegen sich anmutig schon bei zartestem Windhauch. Wenn bei der Reife die Hüllen ausgetrocknet sind, ist dann ein leises Rascheln zu vernehmen.

In der Art, wie der Hafer blüht und reift, drückt sich etwas von seinem Wesen aus. Er ist ganz den Lichtkräften hingegeben, die aus dem Umkreis einstrahlen. Und so beginnt er von der Peripherie her zu blühen und zu reifen.

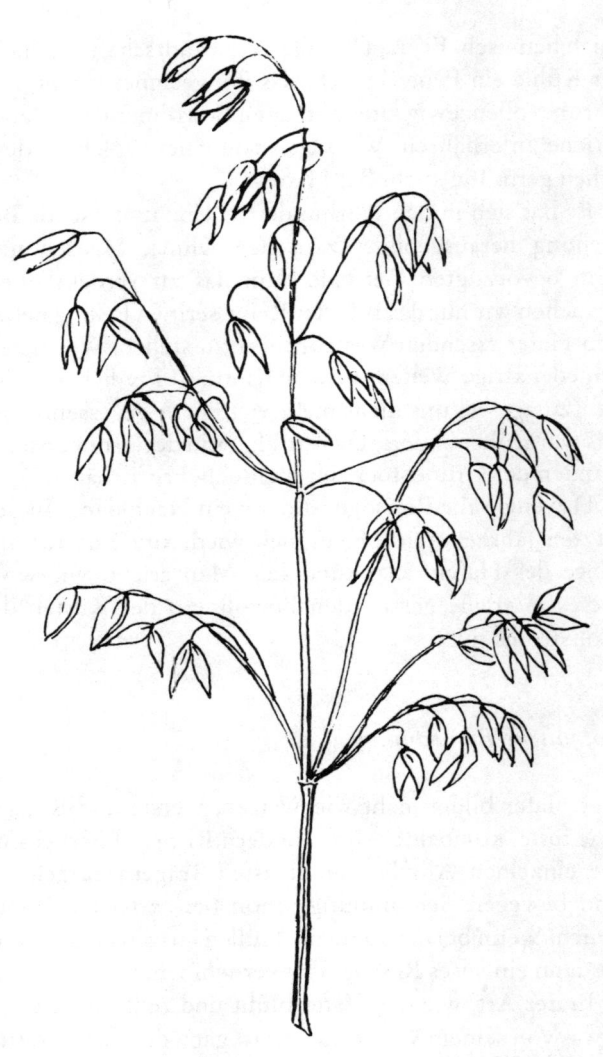

Hafer

Erst heben die oberen und äußeren Ährchen an und dann setzt sich der Vorgang nach unten und zum Zentrum hin fort. Dieses Nacheinander ist bei den anderen Getreidearten nicht so ausgeprägt. Zum Schaft hin bleiben die Rispen noch länger grün.

Auch der Halm und die Blätter behalten wie der Reis länger ihr saftiges Grün als die übrigen Glieder der heimischen Getreidefamilie. Der Häcksel aus Haferstroh ist noch als Pferdefutter zu verwenden.

Das Grün des Hafers erfreut uns besonders in der Zeit vor der Reife. Wenn wir dann über ein Feld hinschauen, empfangen wir den Eindruck eines tiefgrünen, leicht wogenden Meeres. Wenn die Sonne darüber glänzt, leuchtet es goldgrün auf. Mit der Reife schwindet das Grün, und es verliert sich auch der flächenhafte Eindruck. Die einzelnen Rispen werden gelbbraun und starr. Die Pflanze wird etwa 60 bis 150 Zentimeter hoch. Sie verwurzelt sich kräftig in der Erde. Die Wurzel kann Tiefen bis 2,50 Meter erreichen. Sie saugt viel Wasser aus dem Boden und trocknet dadurch das Erdreich aus.

Am Grunde entfaltet sich der Hafer büschelig, in den oberen Teilen bleibt dagegen die Form dem Getreide gemäß streng linear und unverzweigt. Der Hafer ist ein Spelzgetreide. Das heißt, sein Korn ist mit einer festen, unverdaulichen Schale verwachsen. Es muß daher für den menschlichen Verzehr von dieser äußeren Hülle befreit werden, und zwar sehr sorgsam, um die lebendigen Randschichten des Korns nicht zu verletzen. Es gibt aber auch eine spelzenfreie Züchtung, den sogenannten Nackthafer. Er kann ungeschält gebraucht werden.

Nährstoffe im Hafer

Neben der üblichen Stärke kommen im Korn des Hafers Kohlenhydrate als Umsetzungsprodukte vor, die im Darm leicht aufgenommen werden und daher den Hafer zur Säuglings- und Kindernahrung besonders geeignet machen.

Außerdem gibt es wie bei der Gerste eine Gruppe von Kohlenhydraten, die im Wasser zu einer zähen Flüssigkeit aufquellen und den Hauptbestandteil des Haferschleims bilden. Sie werden nach der Zubereitung durch ein im Hafer selbst enthaltenes Enzym bald zerstört, so daß Hafersuppen immer frisch zubereitet werden müssen.

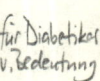

Schließlich kommt im Hafer eine dritte Gruppe von Kohlenhydraten vor, die sich vom Fruchtzucker ableiten. Dieser wird im menschlichen Organismus ohne Mitwirkung von Insulin verwertet, ist also für den Diabetiker, der ja in seiner Insulinproduktion gehemmt ist, von großer Bedeutung.

Der Gehalt an Fett ist beim Hafer erheblich höher als bei den anderen Getreidearten.

Fettgehalt in Gramm pro 100 Gramm Getreide

Hafer	Hirse	Mais	Gerste	Weizen	Roggen	Reis, unpoliert
7,1	5,0	3,8	2,1	2,0	1,7	0,65

Bei der Verarbeitung zu Haferflocken geht kein Rohfett verloren. Wie bei allem Getreide enthalten die Fettstoffe des Hafers in ihrem Fettsäureanteil viel Linolsäure, die als der Hauptrepräsentant der sogenannten essentiellen (lebensnotwendigen) Fettsäuren gilt. Dieser Wert gewinnt bei dem hohen Rohfettanteil des Hafers besondere Bedeutung: denn das Fett von 100 Gramm Hafer oder Haferflocken vermag allein ein Drittel des Tagesbedarfs des Menschen an essentiellen Fettsäuren zu decken.

Die Fette des Hafers sind so zusammengesetzt, daß sie den Cholesterinstoffwechsel im Menschen entlasten, Herz und Kreislauf schützen und helfen, die Arteriosklerose zu verhüten. Schließlich ist als Bestandteil des Rohfettes eine Gruppe «haferspezifischer» Wachse zu erwähnen. Sie sind für den Nährwert des Hafers wesentlich, weil sie «oxydationsverhindernde» Schutzfunktionen gegenüber den sauerstoffempfindlichen hoch-ungesättigten Fettsäuren, speziell der Linolsäure im Hafer, ausüben. Sie verhindern dadurch die Entstehung von ranzig schmekkenden Oxydationsprodukten der Haferfette.

Das Rohfett des Hafers kann somit vom Kleinkind und Erwachsenen auch in der Diätetik ausgezeichnet vertragen und vollständig verwertet werden.

Der Hafer enthält ein sehr hochwertiges Eiweiß. In der Hungerszeit nach dem Zweiten Weltkrieg hat H. W. Bansi in Hamburg festgestellt, daß Eiweißmangelschäden durch Hafer günstig beeinflußt werden können. Das wird wissenschaftlich erklärt durch den hohen Gehalt des Hafers an essentiellen Aminosäuren. Man sieht diese Substanzen in der Naturwissenschaft als Bausteine der Eiweißkörper an, da sie bei deren Zerfall entstehen. Es gibt acht Aminosäuren, die man als «essentiell» bezeichnet. Das heißt: Ohne daß man sie mit der Nahrung in einem bestimmten Mengenverhältnis zuführt, können sie im menschlichen Organismus nicht gebildet werden.

Der Gehalt an Aminosäuren bestimmt die «biologische

Wertigkeit» eines Nahrungsmittels. Das Hafereiweiß ist mit einer bevorzugten Garnitur von essentiellen Aminosäuren ausgestattet. Es besteht lediglich ein geringes Defizit an zwei bestimmten Aminosäuren, das leicht durch Beigabe von Milch oder Milchprodukten zur Haferspeise ausgeglichen werden kann. Die Mineralstoffe sind in allen Getreiden von hohem ernährungsphysiologischem Wert. Beim Hafer ist besonders Kalzium, Eisen und Magnesium hervorzuheben. Das Kalzium ist für die Knochen und Zahnentwicklung erforderlich, Eisen für die Blutbildung und Magnesium für die Herzfunktion und wie das Kalzium für die Knochen- und Zahnbildung. Dabei sind natürlich die genannten Mineralien nicht isoliert zu betrachten. Sie sind nur im Verein mit dem ganzen Mineralspektrum und anderen Begleitsubstanzen wirksam.

Von den Vitaminen soll hier als besonders bedeutungsvoll das Vitamin B1, auch Thiamin genannt, erwähnt werden. Es ist, wie früher schon gesagt, für den Stoffwechsel der Nervenzelle von lebenswichtiger Bedeutung, besonders in unserer Zeit mit ihrer hohen Beanspruchung der Nerven- und Sinnesfunktionen. Das Vitamin B1 ist auch in der Haferflocke voll erhalten, so daß wir mit 100 Gramm Haferflocken etwa 40 Prozent des Tagesbedarfs decken können.

Auch das Vitamin E, das sogenannte Fruchtbarkeitsvitamin, ist im Hafer vertreten.

Einen wesentlichen Beitrag zu den günstigen Wirkungen der Haferkost auf die Verdauungsorgane leisten die Rohfasern, die im Haferkorn je nach Sorte zu 0,4–2 Prozent und in der Flocke zu 1,2 Prozent enthalten sind. Sie vermehren das Volumen des Darminhaltes, regen die Darmbewegungen an und wirken dadurch der Obstipation entgegen. Ferner sorgen sie für ein gesundes Darmmilieu, indem sie Giftstoffe aufnehmen und die Säureverhältnisse steuern. Im Hafer ist eine große Zahl geschmackbildender Substanzen nachgewiesen worden, die zum Teil im Rohhafer vorgebildet sind, überwiegend jedoch erst durch den Prozeß des Darrens und bei der Flockenherstellung entstehen. Sie ergeben im organischen Verband das angenehme nußartige Aroma des Hafers.

Die bekannte emotionell anregende Wirkung des Hafers kann auch auf eine bestimmte Substanz bezogen werden. Es ist gelungen, im Hafer einen hormonartigen Stoff mit deutlich belebender, antriebssteigernder Potenz zu isolieren. Man spricht von einem «psychotropen» Wirkstoff.

Der Hafer in der Normalkost

Durch die Ernährung mit Hafer wird die körperliche Leistungsfähigkeit des Menschen gesteigert. Das ist seit altersher bekannt, wurde aber auch in einer größeren Zahl neuerer Untersuchungen wiederholt bestätigt. Die Leistungssteigerung äußerte sich, den Berichten zufolge, in verbessertem Durchhaltevermögen, geringerer Ermüdbarkeit und erhöhter Widerstandskraft gegenüber schwierigen klimatischen Einflüssen. Diese Erfahrungen wurden vor allem von Teilnehmern an Forschungsexpeditionen gemacht, so zum Beispiel bei der Afrika-Expedition des Zoologischen Forschungsinstitutes Bonn 1967, der 3. Sudan-Expedition der Leni-Riefenstahl-Produktion 1968–1969, der Sahara-West-Ost-Durchquerung Dr. Keller 1969, der Hindukusch-Rundfahrt 1970 und der Zagros-Expedition 1970 des Deutschen Alpenvereins sowie der deutschen Anden-Expedition 1974.[49]

Auch bei sportlichen Dauerleistungen hat sich die Haferkost in Form des mit Milch und Obstsäften gemischten Haferschleims oder als Flockengetränk bewährt. Das wurde neuerdings bestätigt von deutschen Teilnehmern der Kanu-Slalom-Weltmeisterschaften 1975.

Übereinstimmend wird bei Berichten hervorgehoben, daß die Hafermahlzeiten den Magen nicht belasten und auch über längere Zeit weder Übersättigung noch gar Widerwillen eintrat.

Der leistungssteigernde Effekt der Haferkost beruht auf einer direkten Einwirkung auf die Muskulatur. Die Stärke des Hafers ist leicht im Organismus in sofort verwertbare und resorptionsfähige Bestandteile abzubauen. Hinzu kommen dann die hochwertigen Eiweißverbindungen und Mineralien, die gleichfalls an der Leistungssteigerung beteiligt sind.

Im Vergleich zu den anderen Getreiden lebt im Hafer ein besonders aufbauendes, kräftigendes Element. Darin kommt ihm nur der Reis gleich, dem aber die anfeuernde Komponente fehlt.

In diesem Sinne liegt der Schwerpunkt des Hafers im Stoffwechselbereich, dem Willenspol des Menschen. Hier greift seine anregende Wirkung ein. Diese ist als emotionale Komponente deutlich von dem rein kräftigenden Effekt zu unterscheiden. Sie kam zunächst bei Versuchstieren in Draufgängertum und Übermut zum Ausdruck und wurde auch beim Menschen nachgewiesen. Man bezeichnete die Wirkung als «pervitinartig» oder antidepressiv. Sie äußerte sich in einer gehobenen, heiteren und unternehmungslustigen Stimmung mit Aktivitätsdrang.

Für die Bewußtseinsentwicklung vermittelt der Hafer gleich dem Reis eine schwächere Stütze gegenüber Weizen, Roggen und Gerste. Daher wird man ihn nicht als die einzige Getreideart wählen. Aber er ist oft hilfreich, wenn einem Menschen die Lebenskraft für sein Tagwerk fehlt und er auch zu wenig Antrieb verspürt. Denn er wirkt auf den Lebens- und Empfindungsbereich des menschlichen Organismus.

Die Verdauungswege beeinflußt der Hafer in zweifacher Weise. Die Rohfasern beschleunigen die Darmperistaltik, die Schleimstoffe schützen die Darmwand vor Reizen und wirken einer Durchfallneigung entgegen.

Der Hafer in der Krankenkost

Die gute Verträglichkeit und allgemein aufbauende und kräftigende Wirkung macht den Hafer geeignet für eine Diät bei Schwäche und Rekonvaleszenz nach Krankheit, vor allem auch bei Kindern und alten Menschen. Ebenso hat sich eine Haferkost bei Eiweißmangelerscheinungen in den Hungergebieten, besonders bei unterernährten Säuglingen bewährt.

Durch eine Diät auf der Grundlage von Hafer lassen sich erhöhte Cholesterinwerte im Blut herabsetzen. Das ist bei der Neigung des modernen Menschen zu erhöhten Blutfettwerten mit Arteriosklerose von großer Bedeutung. Seit Beginn unseres Jahrhunderts werden Haferkuren bei *Zuckerkrankheit* mit Erfolg angewandt. Man gibt dabei täglich 250 Gramm Hafermehl in 3-4tägigen Perioden, von Gemüsetagen unterbrochen. Dabei setzt der Hafer eine Übersäuerung des Blutes (Acidose) herab. Auch gehen bei dieser Diät die Zuckerausscheidung im Urin und die Überzuckerung des Blutes zurück. Die antidiabetische Wirkung des Hafers erklärt sich aus seinem

Gehalt an Fructose sowie einer Anregung der Insulinproduktion der Bauchspeicheldrüse.

Heutzutage ist der Hafer als Hilfsmittel bei der Diabetestherapie in den Hintergrund getreten. Es wäre dringend zu wünschen, daß er wieder mehr Beachtung fände.

Bei *Magen-Darmkatarrhen* ist Haferschleim beliebt. Mit einem gewissen Recht! Man sollte allerdings darüber den Gerstenschleim nicht vergessen, der oft in der Ausheilung entzündlicher Prozesse dem Haferschleim überlegen ist.

Ferner ist zu erwähnen, daß sich der Hafer bei *Zahnkaries* günstig auswirkt.

Es wurde bereits auf die psychischen Effekte der Haferkost mit Aktivierung und Aufhellung der Stimmungslage hingewiesen. Das ist bei Kindern und Erwachsenen mit *Antriebslosigkeit* und *Depressionen* zu nutzen.

Aus der Kulturgeschichte des Hafers

Vom Hafer finden sich im Vergleich zu anderen Getreiden erst spät geschichtliche Funde. Im Bereich der Hochkulturen des alten Orients wie in Ägypten, Babylonien und Assyrien sowie auch im fernen Osten war der Hafer unbekannt. Ihm sagten die dortigen klimatischen Verhältnisse nicht zu. Es ist daher anzunehmen, daß der Hafer in Europa erstmalig kultiviert wurde. Hier war auch seit frühester Zeit eine Wildhaferform – avena fatua – heimisch. Doch ist die Theorie, daß unser Saathafer – avena sativa – aus dem Wildhafer gezüchtet wurde, wenig wahrscheinlich, da dieser sehr frostempfindlich ist. Es ist also wie bei den anderen Getreidearten die Tatsache gegeben, daß eine Wildform, aus der eine Züchtung möglich wäre, nicht existiert.

Daher ist wie bei den anderen Getreiden der Ursprung des Hafers auf dem untergegangenen Kontinent Atlantis zu suchen. Dort war er eine der sieben Gaben der Demeter. Als dann der Flüchtlingsstrom gen Osten zog, wurde er auf dem nördlichen Weg mitgenommen und in den ihm klimatisch zusagenden Gebieten angebaut.

Die historischen Funde allerdings reichen nur bis in die Bronzezeit zurück. Man fand Haferkörner in den Pfahlbausiedlungen Dänemarks und im Bodenseegebiet. In der römischen Zeit schreibt Plinius über den Haferanbau und bezeichnet den Hafergenuß als ein typisches Merkmal der Germanen. Der Römer selbst lebte von Gerste und Weizen und lehnte den Hafer als «Barbarenfraß» ab.

In jenen frühen Epochen der menschlichen Entwicklung wurden die Sitten und Gebräuche der Menschen sowie auch die Ernährungsweise von Priestern gelenkt. In den nördlichen Gegenden Europas, besonders auf der jütländischen Halbinsel, waren es die «Nerthusmysterien», die die Lebensformen jener Völker bestimmten. Die Göttin Nertho, nach der die Mysterienstätten ihren Namen erhielten, war eine Göttin der Fruchtbarkeit, der griechischen Demeter verwandt. In ihren Bereich gehörten auch die menschliche Zeugungskraft und der Vorgang der Geburt. Diese wurden in den Nerthusmysterien durch die Priester in eine göttliche Ordnung einbezogen und heilig gehalten. Es herrschte eine strenge Regelung im Jahreslauf. Während des Frühlingsvollmonds – und nur zu dieser Zeit im Jahr – fanden in kultischen Handlungen, von den Priestern geführt, die Zeugungen statt. Sie sollten dem Wohl der Stämme dieser jungen lebensstarken Völker dienen. Das geschah in aller Keuschheit. Cäsar war von der hohen sexuellen Moral der Germanen tief beeindruckt.

Bei dieser zeitlichen Regelung ereigneten sich die Geburten im Tiefwinter. Welch eine Stimmung muß damals geherrscht haben, wenn überall in den Hütten die Kinder zur Welt kamen! Eine geheimnisvolle Prophetie auf unsere Weihnacht mit der Feier der Geburt des Erlösers.

Heute ist eine derart nach der Jahreszeit abgestimmte Geburtenregelung nicht mehr zeitgemäß. Sie würde der Freiheit des Menschen widersprechen, in die er inzwischen hineingewachsen ist.

Die soziale Ordnung wurde im Bereich der Nerthusmysterien von den Menschen noch unbewußt gehandhabt. In Rom und Griechenland besaß man bereits eine hohe Staatsphilosophie.

Aber durch die Wälder des Nordens wandelte kein Cicero oder Solon mit seinen Schülern. Auch gab es keinen Pythagoras, der bestrebt war, mathematische Lehrsätze zu entdecken. Dafür entwickelten die Germanen eine gewaltige Körperkraft, aber auch eine starke Empfindungsseele. Sie waren ein jugendliches Volk voll von ungestümem Tatendrang.

Welches Getreide gehört zu diesen Menschen? Es dürfte nach den bisherigen Schilderungen klar sein: der Hafer. Er vermittelt jene Jugendkräfte, die in den Nerthusmysterien gepflegt wurden, gab aber auch Impulse, durch die die unruhevollen Völker des Nordens immer wieder aus ihren angestammten Wohnsitzen aufbrachen und in die Welt hinaus schweiften. Diese Völkerwanderungen reichen bis in unsere Zeit und werden wohl noch weiterwähren, solange der Hafer wächst und – wie wir mit Hans Leip am Anfang dieses Kapitels bemerkten – solange der Golfstrom fließt.

Der Mais

Der Mais ist ein sonderbares Getreide. Wir empfangen von ihm einen ganz anderen Eindruck als von den übrigen sechs Arten. Vielleicht liegt das daran, daß er nach dem Untergang des atlantischen Kontinents als einzige der sieben Gaben der Demeter nicht von dem Flüchtlingsstrom gen Osten mitgenommen wurde, sondern den Weg nach Westen nahm. So wurde er nach Amerika verpflanzt, jenem Kontinent, auf dem alles so stark an die Erde gebunden ist. Das zeigt sich in dem ausgeprägten Sinn der dortigen Bewohner für alle irdischen Verhältnisse – und in dem massigen Wuchs der Maispflanze.

Botanische Betrachtungen

Ist der Mais überhaupt eine Getreideart? Der grobe, im Vergleich zu den übrigen Getreiden geradzu gigantische Wuchs und das Fehlen einer typischen Ähre lassen Zweifel aufkommen. Und doch entdecken wir, wenn wir näher hinschauen, einige Kennzeichen aus der Großfamilie der Gräser und schließlich auch der Getreide. So darf der seltsame Fremdling aus dem Westen in den Kreis der Sechs aufgenommen werden. Damit sind es nun sieben.

Wenn die Blütenstände nach dem Geschlecht auch getrennt sind, so dürfen wir doch von Ähren sprechen. Die

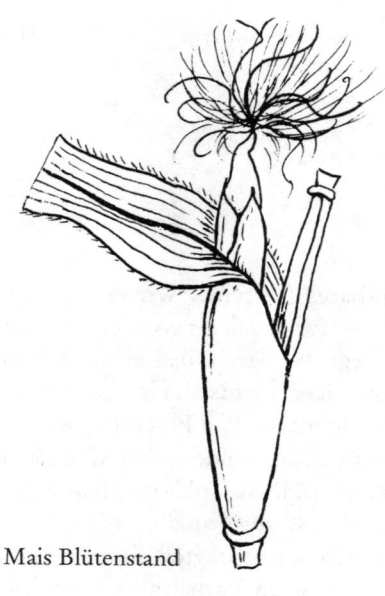

Mais Blütenstand

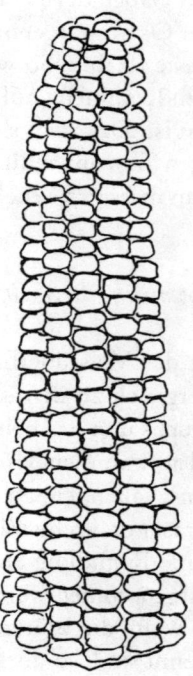

Maiskolben

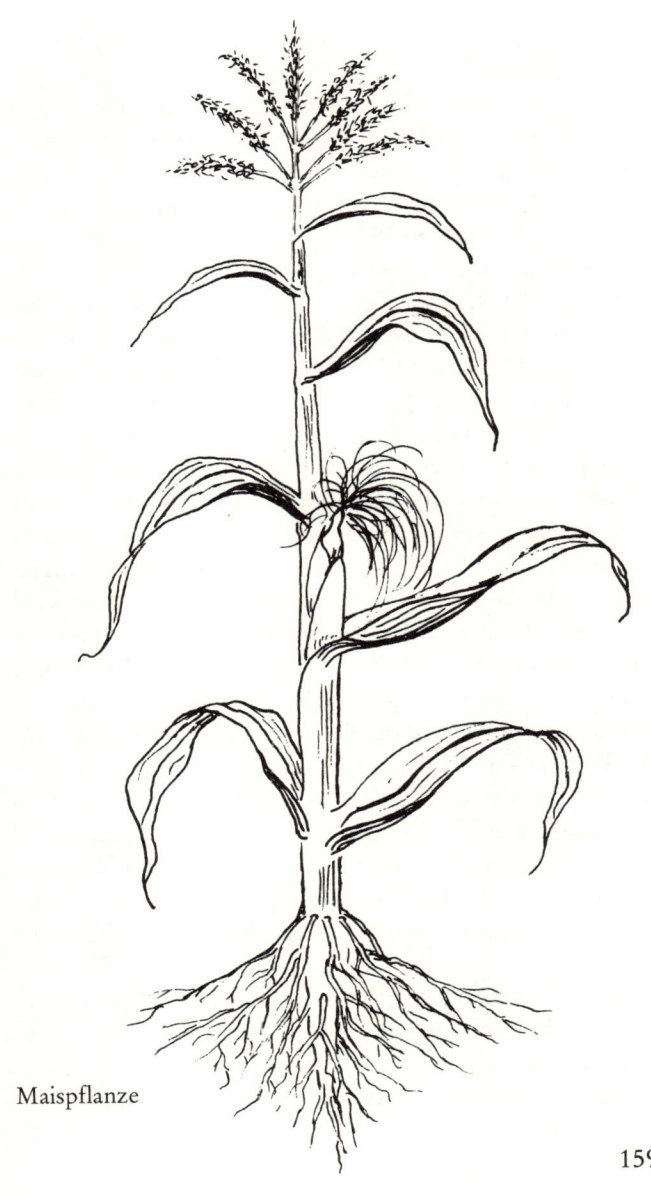
Maispflanze

sogenannten männlichen, zweiblütigen Ährchen stehen in Rispen angeordnet an der Spitze der Halme, die sogenannten weiblichen Ähren, die Kolben sind verborgen in den Achseln der Blätter. Ihre Früchte werden nicht dem Sonnenlicht und der Sonnenwärme entgegengetragen.

In den lockeren Blütenständen an der Spitze wird eine ungeheure Menge von Pollen erzeugt. Der Wind führt sie fort. Sie müssen dann den Weg zu den Narben der Fruchtblüten in den Kolben finden. Diese sieht man zunächst nicht, sie sind von großen Hüllblättern umwickelt. An der Spitze bleibt aber eine Öffnung frei. Durch sie wachsen viele Fäden heraus, die man auch Quaste nennt. Sie sind Träger der Narben, welche die Pollen empfangen.

In den befruchteten Kolben-Ähren wachsen nun die Maiskörner heran und reifen. Sie sind feste trapezförmige Gebilde mit abgerundeten Ecken und Kanten. Ihre Farbe ist meist gold-gelb, doch kommen auch andere Tönungen in allen Abstufungen vor: dunkelrot, braunrot, blau, violett, nahezu schwarz. Ja, man hat durch kühne Kombinationen einen Mais mit bunten, gestreiften Körnern gezüchtet, den sogenannten Harlekin-Mais. Der Mehlkörper ist gewöhnlich glasig, doch treten in der Umgebung des Embryos und häufig auch am oberen Rande der Körner mehlige Partien auf. Frühreife und kontinentales Klima begünstigen die Glasigkeit, Spätreife und ozeanisches Klima wirken auf die Vergrößerung der mehligen Partien. Doch wird das Verhältnis des glasigen Teiles zu dem mehligen bis zu einem gewissen Grade durch die Kulturform bestimmt.

In der Bewurzelung geht der Mais eigene Wege. Er bildet eine Hauptwurzel, die zu beträchtlicher Länge heranwächst und zahlreiche Nebenwurzeln erzeugt. Alle diese Wurzeln gehen aber früher oder später zugrunde und werden durch sogenannte Wurzelkränze ersetzt, die aus den unterirdischen Halmknoten hervorbrechen. Auch aus den untersten oberirdischen Knoten entsteht bei genügender Feuchtigkeit ein Kranz dicker, tauförmiger Nebenwurzeln, die teilweise in den Boden eindringen, sich dort verzweigen und die Pflanze verankern.

Keine andere Getreideart variiert in ihren Größenverhältnissen so stark wie der Mais. Es gibt Zwergmaisformen, die kaum meterhoch werden, während der «Pferdezahn» und andere Riesenmaisarten unter günstigen Verhältnissen fünf und mehr Meter Höhe bei entsprechender Stammdicke erreichen. Mit der Größe steht die Dimension der Kolben im Verhältnis; deren Länge schwankt zwischen 5 und 40 Zentimetern.

Die Zeit der Reife ist gekommen, wenn sich die Kolben nach unten neigen, die Hüllblätter an der Spitze auszutrocknen beginnen, sich gelb färben und aufspringen. Die Körner nehmen nun ihre endgültige Farbe an und werden glänzend und hart.

Vegetationsbedingungen

Seine höchsten Erträge gibt der Mais nicht in Europa, sondern in seiner Heimat Amerika. In den eigentlichen Maisgebieten ist dort sowohl die Wärme als die Niederschlagsmenge größer als bei uns. Obgleich der Mais in klimatischer Beziehung außerordentlich anpassungsfähig ist, hat er doch nach mehrhundertjährigem Anbau in Europa sein ursprüngliches Wärmebedürfnis bewahrt, das viel größer ist als das der einheimischen Getreidearten. Die Maispflanze keimt erst bei 9–10 Grad Celsius, während die Keimtemperatur der anderen Getreide bei uns zwischen 1 bis 4,5 Grad liegt. Daher kommt es, daß der Mais gegen Kälte sehr empfindlich ist. Selbst gelinde Maifröste schädigen die jungen Maiskulturen erheblich. Zum Ausreifen ist eine ausreichende Wärme in den Monaten August, September notwendig: Überall, wo der Wein im Freien noch süße Früchte bringt, kann auch Mais gebaut werden.

Ein gutes Maisklima finden wir in Ungarn. Dort wirken sich weniger die heißen Sommer als die hohen Frühlings- und Herbsttemperaturen günstig aus, weil sie die Vegetationszeit verlängern und die Reife der lange vegetierenden, hochwüchsigen Kulturformen sicherstellen.

Was die Bodenansprüche betrifft, so kann der Mais ziemlich auf allen Böden angebaut werden, die tiefgründig und nicht zu arm sind oder an stockender Nässe leiden. Nässe kann er besonders schlecht vertragen, wenn auch die anderen klimatischen Verhältnisse seinem Anbau nicht günstig sind. Seine höchsten Erträge bringt er auf nicht zu schweren Niederungsböden, insbesondere auf sandigem Lehm mit ausreichendem Humus- und Kalkgehalt. Daher sind die kalkreichen milden Lehm- und Lößlehmböden der ungarischen Tiefebene vorzüglich für ihn geeignet.

Die Reifezeit richtet sich nach der Sorte. In Ungarn werden die frühreifen Formen schon Ende Juli oder Anfang August reif, die weiteren wie in den Alpenländern und in Süddeutschland erst Mitte September bis Mitte Oktober. Der Mais wird bei uns vorwiegend als Tierfutter angebaut. Er ist wohl die bedeutendste Futterpflanze der Welt.

Beim Anbau wird heute neben reichlichen Gaben von Stallmist viel Kunstdünger gestreut. Das macht die ohnehin massige Pflanze noch kompakter. – Nach den Regeln der biologisch-dynamischen Wirtschaftsweise wird Mais in Südfrankreich angebaut. Doch sind die Anbauflächen noch klein und ermöglichen nur eine geringe Produktion.

Die Inhaltstoffe

Die analytischen Tabellen über die Inhaltstoffe weichen beim Mais noch stärker voneinander ab als bei den anderen Getreidearten. Das ist verständlich bei der ungeheuren Ausdehnung des Maisbaus und der Variationsfähigkeit der Pflanze. Sehr bemerkenswert ist der im Verhältnis zu den anderen Getreidearten hohe Anteil an Zucker. Es gibt auch eine besondere Sorte, den Zuckermais.

Nach der Nahrungsmitteltabelle von Heupke enthalten die geschälten Maiskörner auf 100 Gramm: Eiweiß 8 Gramm, Fett 3,2 Gramm, Kohlenhydrat 63 Gramm. Auffallend ist der hohe Gehalt an Vitamin A (Karotin), von dem bei allen anderen Getreiden der Wert 0 angegeben wird. Die übrigen Daten variieren sehr stark, weichen jedoch nicht wesentlich von denen der anderen Getreide ab.

Verwendungsformen als Nahrungsmittel

Weit verbreitet ist die Zubereitung von Mais als Brei oder Grütze. Hierbei werden entweder die ganzen gekochten Körner zerquetscht oder grob geschrotet gegart. Der Italiener bereitet in dieser Form seine Polenta, der Rumäne die «Mamaliga», der Mexikaner schätzt seine Tortilla und der Nordamerikaner seine «Hominy». Der einschmeichelnde Name Kukuruz stammt aus dem Türkischen und ist über den Balkan zu uns gekommen. Das Wort entstand wahrscheinlich aus einem Lockruf für Vögel, denen man Maiskörner als Futter hinstreute.

Schwierig ist es, Brot aus reinem Maismehl zu backen, da der Kleber fehlt. Man muß schon eine bestimmte Menge von Weizen zusetzen, damit der Teig aufgeht und das

Brot nicht zu rasch austrocknet und bitter schmeckt. Durch das Backferment von Hugo Erbe kann die Menge von Weizen stark reduziert werden. Man erhält trotzdem mit relativ viel Mais ein sehr schmackhaftes und voluminöses Brot. Diese Art der Brotbereitung wurde in Afrika und Südamerika mit Erfolg eingeführt.

Maizena ist der Handelsname für entöltes Maismehl, reine Maisstärke kennen wir als *Mondamin*. Den hohen Zuckergehalt macht man sich zunutze bei der Herstellung von Dextropur-Traubenzucker. Dieser ist jedoch als denaturiertes Produkt anzusehen. Ebenfalls ist die sogenannte Isomerose biologisch wertlos, ein modernes Süßmittel auf der Basis von Mais. Dabei handelt es sich um eine glasklare Flüssigkeit, die ebenso süß ist wie der bisher gebräuchliche Rohr- und Rübenzucker.

Sehr beliebt sind die *Cornflakes*, das sind blattdünn gewalzte und geröstete Maisflocken.

Nährwert für den Menschen

Der Mais spielt bei unserer landesüblichen Ernährung nur eine Gastrolle. Doch bereichert er unseren Speiseplan mit verschiedenen Formen der Zubereitung und leistet auch bei bestimmten Erkrankungen eine unentbehrliche diätetische Hilfe. Die Nährkraft des Mais ist verständlich aus seiner Zugehörigkeit zur Getreidefamilie. Was hebt ihn aber aus der Siebenheit hervor und verleiht ihm einen besonderen Akzent?

Er ist nicht wie die anderen stark von Kiesel durchformt und durchlichtet, seine Gestalt ist sehr viel gröber und plumper, die Kolben im Blattbereich wirken überaus schwerfällig gegenüber den Ähren der anderen Getreide.

Aber in den Körnern ist ein intensiver Zuckerbildeprozeß veranlagt, vielleicht im Zusammenhang mit ihrer Einbettung in den Blattbereich, wo ja die Stärkebildung geschieht. Es gelingt daher, wie bereits erwähnt, aus dem Maiskorn eine besonders feine Stärke (Mondamin, Maizena) und den reinen Traubenzucker (Dextropur) zu gewinnen.

Da der Stoffwechsel in der Muskulatur auf dem Umsatz von Zucker und Stärke beruht, ist es verständlich, daß die Indios in den Anden bei vorwiegender Ernährung von Mais zu großen Dauerleistungen befähigt sind. Es kommt dabei noch eine andere Komponente hinzu: Die Indios kombinieren den Mais gerne mit Bohnen, und es wurde ernährungswissenschaftlich festgestellt, daß das Mais-Eiweiß in der Tat durch das Bohnen-Eiweiß besonders günstig aufgewertet wird. Diese Gegebenheit ist in der Entwicklungshilfe in Tansania von einem deutschen Forscherteam genutzt worden. Es war dort unter den Kindern des Landes die Eiweißmangelkrankheit Kwashickor stark verbreitet. Dieser Name heißt übersetzt: das vorletzte Kind. Was bedeutet dies? Die Kinder werden in Afrika mehrere Jahre gestillt. Erwartet die Mutter während dieser Periode erneut Nachwuchs, muß vorzeitig abgestillt werden. Dann kommt es meist zu dem Eiweißmangel, da die kleinen Kinder die übliche Nahrung, die aus groben zerquetschten Maiskörnern besteht, nicht vertragen. Hier setzte die Arbeit der Entwicklungshelfer ein. Es wurden einfache Maismühlen gebaut; denn es hatte sich gezeigt, daß die Kinder den fein zermahlenen Mais gut verdauen konnten. Ein weiterer Mangel war dadurch entstanden, daß 80% der Bohnenernte durch Schädlinge vernichtet wurde. Man half sich indessen nicht etwa auf die Weise, daß man aus Europa eines der hochgiftigen Schädlingsbekämpfungsmittel anforderte, sondern man setzte mit Erfolg das pflanzliche Mittel Pyrethrum ein, das aus einer im Lande wachsenden Chrysanthemenart gewonnen wurde. Mit gemahlenem Mais und Bohnenmehl gelang es, die Eiweißmangelerscheinungen zu überwinden.[50]

Der Mais bedarf – mehr noch als die übrigen Getreide – einer Ergänzung durch andere Nahrungsmittel. Dies zeigt das Krankheitsbild der Pellagra, das in armen Gegenden bei vorwiegender Ernährung mit Polenta und anderen Maiszubereitungen beobachtet wird. Der Name Pellagra kommt aus dem Italienischen und heißt zu deutsch «rauhe Haut» (pella = Haut, agra = rauh). Es tritt bei dieser Krankheit eine Entzündung der Haut auf mit Pigmentierung an den Stellen, die dem Sonnenlicht ausgesetzt sind. Ferner gehören Schleimhautveränderungen, Darmstörungen, neurologische Ausfälle und psychische Veränderungen zu einer voll ausgebildeten Pellagra. Als Ursache dieser Erkrankung wird ein Mangel an B-Vitaminen und Eiweißstoffen angenommen, die im Maiskorn nur in unzureichendem Maß vorhanden sind.

Nach dieser Kritik am Nährwert von Mais kann nun wieder ein Lob für dieses Getreide gespendet werden. Es mehren sich in jüngster Zeit Allergien gegenüber dem Getreideeiweiß. Da das Eiweiß im Mais frei von Kleber (Gluten und Gliadin) ist, hat in solchen Fällen eine Diätetik mit Mais große Bedeutung erlangt. Zum Krankheitsbild dieser Form der Allergie gehört auch die Sprue und Zöliakie (Entzündungen des Darms). Nach einer Diät mit Mais erholen sich besonders Kinder meist sehr rasch.

Der Mais – das Getreide der Indianer

Hat das Bild, das uns der Mais gegenüber den anderen Getreiden bietet mit seinen schweren Kolben, die unter dem Blätterdach – der Erde zugewendet – reifen, auch eine Bedeutung für seine Wirksamkeit im Menschen? – Ein indianisches Märchen kann vielleicht zu einer Antwort auf diese Frage beitragen.

Es lebte in einem Schloß auf dem Gipfel eines Berges eine Prinzessin. Eines Tages sah sie, wie sich Abgesandte eines ihr befreundeten Königs dem Fuße des Berges näherten. Sie trugen in ihren Händen Geschenke und versuchten vergeblich, den steilen Abhang zu erklimmen. Sie rutschten immer wieder nach unten. Da schickte die Prinzessin ihren Kanzler zu ihnen, um die Gaben in Empfang zu nehmen. Dieser schaute die Fremden erstaunt an und fragte: «Warum könnt ihr den Berg nicht ersteigen?» Sie antworteten: «Wir fühlen uns zu schwer.» – «Was eßt ihr denn?» wollte der Kanzler wissen. «Mais und Kakao» war die Antwort. «Ach so, dann ist es auch kein Wunder», stellte der Kanzler fest, nahm die Geschenke entgegen und kletterte behende den Berg hinauf.

Diese Geschichte scheint im Widerspruch mit der Tatsache zu stehen, daß sich die Indios vorwiegend von Mais und Bohnen ernähren und dabei zu gewaltigen Dauerleistungen im Anden-Gebirge fähig sind. Wie ist das zu verstehen? Nun, das Märchen deutet nicht auf eine irdische, sondern auf eine geistige Wirklichkeit. Die Prinzessin ist das Sinnbild für eine Gottheit. Die Maisesser sind geistig zu schwer geworden, um sich noch spirituell zu ihr aufschwingen zu können.

So kann uns die Gestalt vom Mais mit seinen schweren Kolben Bild sein für die Entwicklung der Menschenrasse, die ihn zu ihrem Hauptnahrungsmittel wählte. Die Indianer sind stark erdverbunden und verlieren dabei nun die Verbindung zur göttlichen Welt, aus der sie die Impulse zu einer Weiterführung ihrer Kultur schöpfen könnten.

Der Weg der Indianer hat in eine tiefe Tragik geführt, besonders in den Vereinigten Staaten von Amerika. Edelstes Menschentum ging verloren, als man den Indianern das Land nahm.

Auf ihr Schicksal deutet der Brief eines Häuptlings an den Präsidenten von Amerika aus dem vorigen Jahrhundert. Er soll am Ende dieses Kapitals stehen, weil er in schönster Weise die edle Verbindung jener «Maisesser» mit der Erde zum Ausdruck bringt.

«Der große Häuptling in Washington sendet Nachricht, daß er unser Land zu kaufen wünscht. Der große Häuptling sendet uns auch Worte der Freundschaft und des guten Willens. Das ist freundlich von ihm, denn wir wissen, er bedarf unserer Freundschaft nicht. Aber wir werden sein Angebot bedenken, denn wir wissen, wenn wir nicht verkaufen, kommt vielleicht der weiße Mann mit Gewehren und nimmt sich unser Land. Wie kann man den Himmel kaufen oder verkaufen – oder die Wärme der Erde? Diese Vorstellung ist uns fremd. Wenn wir die Frische der Luft und das Glitzern des Wassers nicht besitzen – wie könnt Ihr sie von uns kaufen?

Die Toten der Weißen vergessen das Land ihrer Geburt, wenn sie fortgehen, um unter den Sternen zu wandeln. Unsere Toten vergessen diese wunderbare Erde nie, denn sie ist des roten Mannes Mutter. Wir sind ein Teil der Erde, und sie ist ein Teil von uns. Die duftenden Blumen sind unsere Schwestern, die Rehe, das Pferd, der große Adler sind unsere Brüder. Die felsigen Höhen, die saftigen Wiesen, die Körperwärme des Ponys und des Menschen – sie alle gehören zur gleichen Familie. Wenn also der große Häuptling in Washington uns Nachricht sendet, daß er unser Land zu kaufen gedenkt, so verlangt er viel von uns...

Aber wenn wir Euch unser Land verkaufen, dürft Ihr nicht vergessen, daß die Luft uns kostbar ist, daß die Luft ihren Geist teilt mit all dem Leben, das sie erhält. Der Wind gab unseren Vätern den ersten Atem und empfängt ihren letzten. Und der Wind muß auch unseren Kindern den Lebensgeist geben. Und wenn wir Euch unser Land verkaufen, so müßt Ihr es als ein Besonderes und Geweihtes schätzen, als einen Ort, wo auch der weiße Mann spürt, daß der Wind süß duftet von den Wiesenblumen...

Das Ansinnen, unser Land zu kaufen, werden wir bedenken, und wenn wir uns entschließen anzunehmen, so nur unter einer Bedingung: Der weiße Mann muß die Tiere des Landes behandeln wie seine Brüder. Ich bin ein Wilder und verstehe es nicht anders. Ich habe tausend verrottende Büffel gesehen, vom weißen Mann zurückgelassen – erschossen aus einem vorüberfahrenden Zug. Ich bin ein Wilder und kann nicht verstehen, wie das qualmende Eisenpferd wichtiger sein soll als der Büffel, den wir nur töten, um am Leben zu bleiben. Was ist der Mensch ohne die Tiere? Wären alle Tiere fort, so stürbe der Mensch an großer Einsamkeit des Geistes. Was immer den Tieren geschieht – geschieht bald auch den Menschen.

Alle Dinge sind miteinander verbunden. Was die Erde befällt, befällt auch die Söhne der Erde. Ihr müßt Eure Kinder lehren, daß der Boden unter ihren Füßen die Asche unserer Großväter ist. Damit sie das Land achten, erzählt ihnen, daß die Erde erfüllt ist von den Seelen unserer Vorfahren.

Lehrt Eure Kinder, was wir unsere Kinder lehrten: Die Erde ist unsere Mutter. Was die Erde befällt, befällt auch die Söhne der Erde. Wenn Menschen auf die Erde spukken, bespeien sie sich selbst. Denn das wissen wir – die Erde gehört nicht den Menschen, der Mensch gehört der Erde. Alles ist miteinander verbunden, wie das Blut, das eine Familie vereint. Alles ist verbunden. Was die Erde befällt, befällt auch die Söhne der Erde. Der Mensch schuf nicht das Gewebe des Lebens, er ist darin nur eine Faser. Was immer Ihr dem Gewebe antut, das tut Ihr Euch selber an.

Selbst der weiße Mann – dessen Gott mit ihm wandelt und redet, wie Freund zu Freund – kann der gemeinsamen Bestimmung nicht entgehen. Vielleicht sind wir doch Brüder. Wir werden sehen. Eines wissen wir, was der weiße Mann vielleicht eines Tages erst entdeckt: unser Gott ist derselbe Gott. Ihr denkt vielleicht, daß Ihr ihn besitzt, so wie Ihr unser Land zu besitzen trachtet, aber das könnt Ihr nicht. Er ist der Gott der Menschen – gleichermaßen der roten und der weißen. Dieses Land ist ihm wertvoll. Und die Erde zu verletzen, heißt ihren Schöpfer zu verachten.

Auch die Weißen werden vergehen, eher vielleicht als alle anderen Stämme. Fahrt fort, Euer Bett zu verseuchen, und eines Nachts werdet Ihr im eigenen Abfall ersticken.

Wenn die Büffel alle geschlachtet sind, die wilden Pferde gezähmt, die heimlichen Winkel des Waldes schwer vom Geruch vieler Menschen und der Anblick reifer Hügel geschändet von redenden Drähten – wo ist das Dikkicht? Fort! Wo der Adler? Fort! ...

Gott gab Euch Herrschaft über die Tiere, die Wälder und den roten Mann, aus einem besonderen Grund, doch dieser Grund ist uns ein Rätsel. Vielleicht könnten wir es verstehen, wenn wir wüßten, wovon der weiße Mann träumt, welche Hoffnungen er seinen Kindern an langen Winterabenden schildert und welche Visionen er in ihre Vorstellungen brennt, so daß sie sich nach einem Morgen sehnen.

Wenn wir Euch unser Land verkaufen, liebt es, so wie wir es liebten, kümmert Euch, so wie wir uns kümmerten, behaltet die Erinnerung an das Land so, wie es ist, wenn Ihr es nehmt. Und mit all Eurer Stärke, Eurem Geist, Eurem Herzen erhaltet es für Eure Kinder und liebt es – so wie Gott uns alle liebt.

Denn eines wissen wir – unser Gott ist derselbe Gott. Diese Erde ist ihm heilig. Selbst der weiße Mann kann der gemeinsamen Bestimmung nicht entgehen. Vielleicht sind wir doch – Brüder. Wir werden sehen.»[51]

III.
DIE SIEBENFALT DER GETREIDE - PLANETEN UND WOCHENTAGE

Nachdem wir uns mit dem Wesen der sieben Getreidearten beschäftigt haben, gleichsam von sieben Körnerspeisen kosteten und von ihrer Wirkung auf den gesunden und kranken Menschen erfuhren, wollen wir nun einige vergleichende und zusammenfassende Untersuchungen anstellen.

Da taucht nun die Frage auf: Warum sind es gerade sieben Getreide? Ist das zufällig? Gewiß nicht; sowenig zufällig es ist, wenn sieben Farben den Regenbogen bilden, sieben Töne sich zur Oktave erheben, in siebenjährigen Stufen der Mensch die Lebensbahn durchschreitet, sieben Wochentage den Zeitenlauf gliedern und sieben Planeten am Himmel kreisen.

Lassen sich da Beziehungen entdecken? Können wir die Getreide zu den anderen Siebenfältigkeiten in Zusammenhang bringen? Wir haben das versucht und durch Jahre erfahren, daß hier echte Bezüge zu erleben sind. Das ist für den Naturwissenschaftler weniger von Interesse, wer aber täglich in der Küche mit Getreiden umgeht und sich ihnen bei Tisch liebevoll zuwendet, wird sein Verhältnis zu den Körnerfrüchten gerne durch derartige Überlegungen vertiefen. Wir brauchen dabei nur einen künstlerischen Sinn, denn es handelt sich ja um seelisches Erleben.

Die Verbindungen zu den Wochentagen und zu den Planeten sind als Einheit zu betrachten, denn die Wochentage sind auf die Planeten gestimmt. In alten Zeiten, als sich aus weisheitsvoller Einsicht in das geistig geordnete Weltall mit einem geistbewegten Zeitengang die Ordnung der Wochentage ergab, waren die Planeten nur die äußeren Bilder göttlicher Wesen. Jupiter war beispielsweise der Name sowohl für eine erhabene Göttergestalt als auch für einen der sieben Planeten. Zu diesen wurden auch Sonne und Mond gerechnet, denn man ging ja von einem Weltbild aus, wie es die direkte Anschauung ergab. Neptun und Uranus wurden nur als später hinzu gekommene Gäste außerhalb der Siebenfalt betrachtet.

Die Kenntnis der alten Göttermythen ist heute verblaßt, daher ist die Bezeichnung der einzelnen Tage für viele völlig unverständlich geworden. Beim Sonntag und Montag ist der Zusammenhang mit Sonne und Mond noch deutlich, aber das Wort Dienstag sagt wohl wenigen etwas. Mit Dienen hat es jedenfalls nichts zu tun, es leitet sich aus dem Alemannischen Zischdig ab, wobei Ziu, der alte Kriegsgott der Germanen nachklingt. Deutlicher ist der französische Name mardi = lateinisch mars. Das ist der Kriegsgott und Planet zugleich.

Blaß und nichtssagend ist der Name Mittwoch. Man hat den Verdacht, daß christliche Eiferer die Erinnerung an den germanischen Gott, nach dem dieser Tag ursprünglich benannt war, auslöschen wollten. Es war Wotan, dessen Name noch im englischen Wednesday lebt. Die französische Bezeichnung mercredi deutet auf den griechischen Gott Merkur.

Donnerstag erinnert wenigstens noch an Donar, den Donnergott, doch ist das Königliche, das ursprünglich diesem Tag eigen war, nicht mehr deutlich. Der Franzose ist diesem Ursprung noch näher, wenn er «jeudi» sagt, das heißt Tag des Jupiter.

Mit der Benennung Freitag wissen wohl wenige etwas anzufangen. Wird mit diesem Tag das freie Wochenende eingeleitet? Das würde sehr modern anmuten, stimmt aber leider nicht; denn er war der germanischen Göttin Freya gewidmet. Der Franzose leitet seinen «Vendredi» von der griechischen Planetengottheit Venus ab.

Für Samstag hat der Engländer mit Saturday das beste Wort gewählt. Es stammt aus dem Lateinischen: Saturni dies, Tag des Saturn.

Können wir Heutigen noch mit dem Wesen der einzelnen Gottheiten und Planeten irgendein Bild oder eine charakteristische Stimmung verbinden, die es uns ermöglicht, jeden Wochentag in bestimmter Weise zu erleben? Ist das alles nur ein müßiges Spiel? Oder treffen wir vielleicht mit einem derartigen Bemühen auf ewige Ordnungen, die auch heute noch gültig sind?

Der Mensch unseres Zeitalters mußte mit der Entwicklung seines Bewußtseins in eine gewisse Freiheit hineinwachsen und sich bei seiner Daseinsgestaltung aus festgefügten kosmischen Ordnungen lösen. Darum ist es ihm gegeben, an jedem Tag der Woche nach seinem Willen sein individuelles Tun zu entfalten. Und doch ist der Wochentagsrhythmus eine Wirklichkeit, durch die unser Leben Farbe und Form erhalten kann. Versuchen wir darum, für die einzelnen Wochentage ein Bild zu entwerfen. Dann entsteht als nächster Schritt die Frage:. Ist es möglich, jeweils die entsprechenden Getreide einzuordnen? Wenn das gelänge, hätten wir gleichzeitig eine Verbindung zu den Planeten gewonnen. Das hat seine Bedeutung für unser seelisches Erleben, weniger in ernährungsphysiologischer Hinsicht. Auch für den Landwirt ist ja die augenblickliche Himmelskonstellation bei Aussaat, Bodenbearbeitung und Ernte allein wesentlich und nicht der Wochentag.

Der S‍ONNTAG gehört der S‍ONNE. Sie hält die Mitte im Reigen der Siebenheit. Der Sonntag ist der christliche Feiertag. Er will den Menschen dazu aufrufen, in Besonnenheit zu seinem inneren Wesenskern, seiner Mitte, zu finden. Jeder wird das nach seiner Weise tun: in wesentlichen Begegnungen mit anderen Menschen oder der Natur, in religiösem Streben, in Kunst oder Geisteswissenschaft.

Alle Getreide sind Kinder der Sonne, der W‍EIZEN insbesondere. Er ist über die ganze Erde hin verbreitet und verkörpert eine harmonische Mitte. Wie kein anderes Getreide ist ihm das Sonnengold eigen. Auch im Menschen ist seine Wirksamkeit gleichmäßig und harmonisch auf alle Organe verteilt, es werden keine Schwerpunkte gesetzt. Wir ordnen daher dem Sonntag und der Sonne den Weizen zu.

Der M‍ONTAG mit seinem Gestirn, dem M‍OND, vermittelt eine ganz andere Stimmung. Ihm fehlt die Strahlkraft der Sonne, das Licht wird nur in mildem silbrigem Glanze von ihm gespiegelt. Die Sonne schenkt das Leben, der Mond wirkt auf die Lebenskraft in rhythmischem Wechsel. Darum richtet sich der Bauer mit Saat und Ernte nach seinen Rhythmen. Der Mond wirkt vorwiegend durch das Element des Wassers, das in seinen Phasen bewegt wird. Die Sonne herrscht als Tagesgestirn, der Mond als Regent der Nacht. Er lenkt unser Sinnen auf das Verborgene, Geheimnisvolle, Unsichtbare. Ihm sind die Passivität, die Hingabe eigen.

Wie wenig paßt dies zur Stimmung unseres Montags, dem Tag des Arbeitsbeginns. Da geht es ans Werk, da wird Aktivität entfaltet, da wird zugepackt. Das hat sich bei uns im Westen eingebürgert. Dem Sinn der Ordnung der Wochentage entspricht es jedoch nicht. Da gehört der Tatendrang erst zum Dienstag, dem Tag des Mars. Vorher hat die Besinnung ihre Aufgabe, die Spiegelung der Einsichten, die der Feiertag gebracht hat, die sinnvolle Planung. Der Montag will sagen: Bedenke deine Entschlüsse, ehe du zur Tat schreitest, gönne dir Zeit!

Diese Stimmung lebt noch in hohem Maße im fernen Osten. Der Asiate gönnt sich erheblich mehr Muße als der ewig durch Termine gehetzte Westländer.

Das von ihm bevorzugte Getreide aber ist der REIS. Dieser hat auch, wie bereits im vorigen Kapitel dargestellt wurde, eine Verwandtschaft zum Wasserelement und zu den aufbauenden Kräften des Lebendigen. Der Asiate ist durch Kinderreichtum gesegnet und lebt noch stark im Gruppenbewußtsein der Familie. Das sind alles Eigenschaften, die mit der Mondenwirksamkeit zu tun haben. So gehen wir sicherlich nicht fehl, wenn wir dem Mond und damit dem Montag den Reis zuordnen.

Dem besinnlichen Montag folgt nun der aktive DIENSTAG, der Tag des MARS. Dieser war früher der Kriegsgott. In seinem Namen zogen die Griechen nach Troja. Doch der Mars hat sich im Laufe der Zeit gewandelt. Der Krieg ist nicht mehr in die göttliche Weltordnung einbeschlossen – der letzte Soldat, der noch in göttlichem Auftrag kämpfte, war die Jungfrau von Orleans. Wenn wir Heutigen zum Mars emporsehen oder versuchen, uns in die Stimmung des Dienstags einzuleben, fühlen wir uns aufgerufen, aktiv zu werden, uns mutvoll für das als wahr und gut Erkannte einzusetzen, bei aller Entschiedenheit jedoch die liebevollen Herzenskräfte nicht zu vergessen.

Wenn wir nach dem Getreide fragen, das Kopf und Hand gleichermaßen impulsiert, knüpfen wir am besten bei den Griechen an. Ihr Getreide war die GERSTE. Sie erfuhren: die Gerste ist das Mark der Männer, also die Tatkraft stützend, sie ist aber auch die Speise für den Philosophen, in dem sie die Kopfkräfte aktiviert. Sie ermöglicht es, stark in den Gliedern und wach im Kopf zu sein.

Was am Dienstag noch nicht an alten kriegerischen Marskräften verwandelt werden konnte, bleibt für den MITTWOCH, den Tag des MERKUR übrig. Dem kommt diese Aufgabe zu; denn der Gott Merkur ist ja der große Verwandler, zugleich aber auch der Heiler mit dem Merkurstab, der beflügelte Gott, der als Götterbote Himmel und Erde verbindet.

Es fällt nicht schwer, in der HIRSE das passende Getreide für den Merkur zu entdecken. Das Hirsekorn ist ja das kleinste und beweglichste unter den Getreiden. Man tat auch, wie bereits erwähnt, der Braut zur Hochzeit Hirse in die Schuhe, um zu dokumentieren: Sei regsam, lebendig und schnell. Die Hirse wirkt auf die menschlichen Organe, die dem Austausch mit der Außenwelt dienen. Das sind die Haut mit ihren Anhangsgebilden und die Sinnesorgane.

Der DONNERSTAG war dem Göttervater JUPITER geweiht. Er atmet eine großzügige, königliche Stimmung. In Heimen heißt er darum auch «der kleine Sonntag». Die Waldorfschullehrer machen sich seine Stimmung, in der Großmut und Weisheit gedeihen können, zunutze und halten stets am Donnerstag ihre Konferenzen ab.

Und weiches Getreide wählen wir für ihn? Den ROGGEN. Er beeindruckt uns durch seine hohe kraftvolle Gestalt und Standfestigkeit. Er vermittelt dem Menschen Formkraft und «Rückgrat». Er verhilft ihm zu einer volltönenden Stimme. Wie wir sahen, stützt er die Leber, jenes Organ, das seit altersher der Einflußsphäre Jupiters zugeschrieben wurde.

Der FREITAG ist der VENUS gewidmet. Wie gut, daß der Weisheit und Erhabenheit Jupiters nun die Schönheit folgt. Das Leben der Menschen ist oft so nüchtern. Man ist auf Leistung und Fortschritt versessen und achtet so wenig auf das Reich des Schönen, die Kunst und das Spiel.

Ein weiteres Lebensgebiet wird durch die Venus gepflegt: Sie ist die Mutter des Grünenden, Wachsenden, der Vegetation.

Hierher gehört der HAFER. Er ist das Getreide mit der stärksten Beziehung zu den aufbauenden Lebenskräften und bleibt auch am längsten grün. Allerdings scheint uns auf den ersten Blick der ungestüme Germane als Haferesser von der Golfstromküste nicht der rechte Partner für die sanfte Venus zu sein. Doch Gegensätze ziehen sich an. Und schließlich ist dem rauhen Burschen der Umgang mit der Venus gar nicht so schlecht bekommen; herrliche Kunstwerke sind im Lande des Hafers entstanden sowie ein gepflegter Gemüsebau. Bringen wir also den Hafer mit der Venus am Freitag in Verbindung.

Der Wochenschluß ist durch den Planeten SATURN, der unserem SAMSTAG das Gepräge gibt, ernst gestimmt. Das entspricht wenig unserem Bild vom fröhlichen Wochenende, wo der Mensch sich zerstreuen möchte. Freilich ist es gut, sich vom Alltag zu lösen. Aber wir sollten nicht die Flucht vor uns selbst ergreifen, sondern zurückblicken auf die zu Ende gehende Woche und einsammeln, was sie an Ewigkeitswerten gebracht hat. Dabei ist es nicht gut, an Einzelheiten hängen zu bleiben. Vielmehr sollten wir versuchen, in Ruhe einen Sinn in den ganzen Zusammenhängen zu entdecken. Auch gilt es, sich ein Stündchen der Muße zu gönnen, um vielleicht ein gutes Buch zu lesen.

Das alles braucht einen gewissen Ernst. Ihn kann uns der MAIS schenken, das Getreide das Saturns. Die Zuordnung des Mais zu diesem Planeten erhält auch dadurch ein Gewicht, daß die indianische Rasse, wie man sagt, saturnisch geprägt ist. Das ernste, durchfurchte Antlitz des Indianers zeugt davon.

Die Reihenfolge der Wochentage

Die Folge der Tage, wie sie sich hier ergab, entspricht bestimmten Seelenstimmungen. Der sinnvolle Wechsel ist in der astronomischen Stellung der Planeten zueinander begründet und soll im folgenden kurz dargestellt werden.

Von der Erde aus gesehen, kreisen drei Planeten in dem Raum zwischen der Erde und der Sonnensphäre. Das sind Mond, Merkur und Venus. Drei andere ziehen ihre Bahnen in großen Fernen jenseits der Sonne: Mars, Jupiter, Saturn. Mond, Merkur, Venus nennt man die untersonnigen, Mars, Jupiter, Saturn die obersonnigen Planeten. Die Glieder beider Gruppen haben in ihrer Stimmung eine gewisse Verwandtschaft untereinander wie auch die dazugehörigen Getreide. So sind Reis, Hirse und Hafer durch Rispen ausgezeichnet. Sie gehören zu den untersonnigen Planeten und wirken dominierend auf das aufbauende, wärmende Stoffwechselleben.

Der ausgeprägte Wechsel in der Stimmung von Wochentag zu Wochentag[52] entsteht nun dadurch, daß in der Folge immer ein obersonniger und ein untersonniger Planet miteinander abwechseln (siehe Abbildung Seite 184).

Die Reihenfolge der Wochentage ergibt sich durch den Linienzug im Siebenstern von Planet zu Planet.

Eine merkwürdige Entsprechung läßt sich entdecken zwischen den Vokalen, die Rudolf Steiner für die einzelnen Planetenstimmungen bei der eurythmischen Darstellung gegeben hat, und den deutschen Bezeichnungen für die entsprechenden Getreide.

Es ergibt sich folgende Übereinstimmung:

Mond	ei	Reis
Mars	e	Gerste
Merkur	i	Hirse
Jupiter	o	Roggen
Venus	a	Hafer

Bis hierher stimmt der Vokal in dem deutschen Wort für das Getreide überraschend mit dem zugehörigen Planetenlaut überein. Erst der Mais fällt mit seinem ai aus der Rolle; denn der Vokal für den Saturn lautet u. Wir können jedoch eine Anleihe bei Österreich machen und statt Mais Kukuruz sagen. Dann haben wir gleich dreimal ein U.

Ähnlich ergeht es uns beim Weizen. Der Vokal für die Sonne ist au. Da hat sich offensichtlich der deutsche Sprachgeist im Wochentag geirrt und das ei, das ja dem Mond zugehört, vorweggenommen.

Der Dialekt, der sich ja oft noch auf tiefe geistige Einsichten gründet, hat diesen Mißgriff allerdings nicht mitgemacht. Der Kärntner sagt in seiner Mundart zum Weizen Bauwoaz und der Niederdeutsche sogar schlicht: Wauzen. Mit dieser Einbeziehung des Lautes au ist die Zuordnung durch die ganze Siebenfaltigkeit vollkommen.

Nun kann man sich fragen: Ist es ratsam, an dem jeweiligen Wochentag das entsprechende Getreide zu kochen? Sollen wir zum Beispiel am Montag Reis, am Mittwoch Hirse und am Freitag Hafer essen? Das kann man durchaus tun, so wie an den Waldorfschulen stets am Donnerstag Konferenz ist. Aber derartiges darf nicht zum Zwang ausarten, wie es bisweilen auch nützlich sein kann, am Mittwoch eine Konferenz abzuhalten – dann geht man-

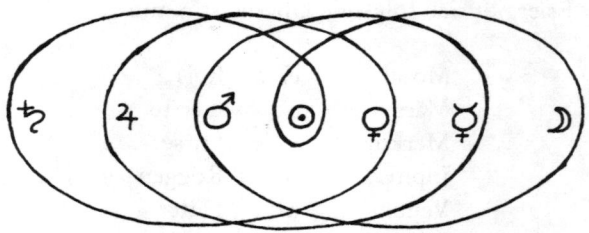

Die Harmonie in der Reihenfolge der Wochentagsplaneten. Der Linienzug ergibt sich durch Verbindung der Ordnung der Planeten in der Wochentagsfolge.

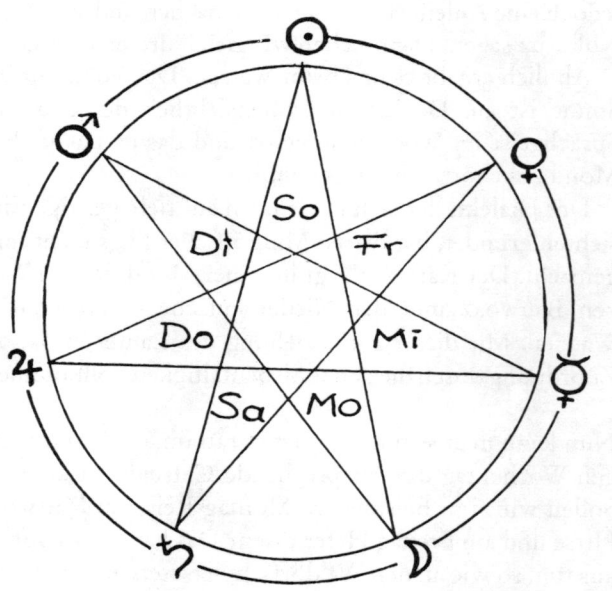

Die Reihenfolge der Wochentage. Sie ergibt sich durch den Linienzug im Siebenstern aus der Planetenordnung auf dem Kreis.

ches vielleicht flinker und regsamer vonstatten als am feierlichen Donnerstag.

Auch gilt es im Bewußtsein zu haben, daß der Zusammenhang zwischen Getreiden, Wochentagen und Planeten nicht den jeweils einwirkenden Sternkonstellationen entspricht, sondern lediglich seelische Bedeutung hat. Wer aber gerne in der Stimmung der Wochentage lebt und das passende Getreide als etwas Wesenhaftes empfindet, dem wird es vielleicht Freude bereiten, sich mit seinem Speiseplan von Zeit zu Zeit danach zu richten. Auch Kinder werden oft an diesen rhythmischen Ordnungen Gefallen finden.

IV. GLIEDERUNGEN DER VIERHEIT

Elemente, Ätherarten, Temperamente und ihre Beziehung zu den Getreidearten

Nachdem wir versucht haben, darzustellen, wie die einzelnen Getreidearten mit den sieben Planeten und Wochentagen verbunden sind, um dadurch vertiefte Einsichten in ihr Wesen zu erlangen, wollen wir nun von der Vierheit ausgehen, wie sie uns entgegentritt in den vier Elementen, den vier Ätherarten, den nord-, süd-, west- und östlichen Regionen unserer Erde, den vier Wesensgliedern des Menschen und seinen Temperamenten.

Die Bildekräfte des Lebendigen erscheinen und wirken in den vier Elementen Erde, Wasser, Luft (Licht) und Feuer (Wärme). Rudolf Steiner nannte sie die Ätherkräfte und unterschied: Zum Mineralreich gehörig den Lebensäther, zum Wäßrigen den chemischen Äther, zur Luft den Lichtäther und zum Feuer den Wärmeäther. Auch die Getreide sind von diesen vier Wirkensbereichen durchdrungen. Dabei spielen die einzelnen Äther in verschiedenster Weise zusammen je nach der Art des Getreides und dem Entwicklungsgang im Keimen, Wachsen und Reifen.

Im ersten Akt des Werdens der Getreidepflanze überwiegt bei der intensiven Wurzelbildung das mineralische Element, hier waltet der Lebensäther. Einige Getreide gehen diese Verbindung besonders intensiv ein: der Mais und der Roggen. Aber auch die anderen Mitglieder der

Familie betonen diese Tätigkeit, sie werden insbesondere in den Körnern vom Lebensäther geprägt.

Auf das Wasserelement ist in den ersten Phasen seiner Entwicklung der Reis eingestellt. Hafer benötigt ebenfalls eine gewisse Feuchte und liebt deshalb das Seeklima. Als dritte ist die Gerste zu nennen. Alle drei Getreide zeichnen sich durch starke Schleimbildung aus und wirken heilsam bei katarrhalischen Erkrankungen, also Absonderungen aus dem Flüssigkeitsorganismus. Im Wäßrigen drückt sich der chemische Äther aus, der im Menschen die Stoffwechselprozesse bewirkt. Alle Getreide regen diese Tätigkeit an, Reis, Hafer und Gerste impulsieren besonders nachhaltig die Aufbauphase des Stoffwechsels. Das macht man sich auch bei der Tiermast zunutze und erreicht mit Gerstenfütterung bei Schweinen einen kompakten Stoffansatz. Hierher gehört natürlich auch der Mais, der seine Beziehungen zum Flüssigen durch seine massige Struktur zeigt.

Der Lichtäther, der sich im Luftelement auslebt, prägt alle Getreide bis in ihre Form hinein. Sie werden vom Wind bestäubt und vom Kiesel für das Licht aufgeschlossen. Auch enthalten sie reichlich Phosphor, den Lichtträger, und Magnesium, das Metall des Lichtes. Sind nun einige Getreide vielleicht bevorzugt? Ja, Hirse und Gerste mit ihrem hohen Kieselgehalt.

Dann folgen der Roggen, der im Lichtreichtum der Hochgebirgslandschaften gut gedeiht, und der Hafer, das Getreide der langen Tage nördlicher Regionen.

Früchte und Samen bilden sich im Element des «Feuers», der Wärme, worin der Wärmeäther lebt. Alle Früchte reifen in der Wärme der Sonne. So auch die Früchte des Getreides. Welche Arten sind besonders der Wärme bedürftig? Der Mais und der Reis. Doch gerade diese beiden Arten können dem Menschen keine feurige Komponente vermitteln. Die Hirse hingegen ist in anderer Weise mit dem Wärmeelement verbunden. Wir erfuhren, daß eine Hirsemahlzeit den Menschen zu erhitzen vermag. Ein besonderes Verhältnis zum Feuerelement entwickelt der Hafer. Er gedeiht zwar am besten in der feuchten Kühle des Nordens, doch enthält er unter den Getreiden weitaus am meisten Fett, also jene Substanz, die der Wärmeproduktion im Menschen dient. Im Hafer lebt eine durchaus feurige Komponente, die vielleicht deshalb so wirksam ist, weil sie sich gegenüber dem naßkalten Klima zu behaupten vermag.

Der Weizen wurde bisher nicht erwähnt. Das liegt daran, daß er in allen seinen Teilen gleichmäßig am Spiel der Elemente beteiligt ist. Dadurch wird er, wie bereits dargestellt, zu dem Getreide, das harmonisierend auf den ganzen Menschen wirkt.

Wenn wir uns nun den Landgebieten der Erde zuwenden mit den Bevölkerungen, die unter ihren klimatischen Verhältnissen und rassischen Gegebenheiten bestimmte Getreidearten bevorzugen, können wir deutlich – den Himmelsrichtungen entsprechend – eine Vierheit unterscheiden und eine dreigliedrige Mitte: Der Hafer war ursprünglich die Körnerfrucht, die am höchsten gegen den Polarkreis vordrang, die Hirsearten sind das Hauptgetreide Afrikas und der südlichen subtropischen Steppenlandschaften, der Reis gehört zum Osten, der Mais in die westlichen Regionen. Die Kulturvölker der Mitte haben Roggen, Weizen und Gerste bevorzugt. Es ergibt sich demnach folgendes Kreuz:

		Hafer		
Mais	Roggen	Weizen	Gerste	Reis
		Hirse		

Diese Aufteilung der einzelnen Arten – vom Gesichtspunkt der Ernährungsgeographie aus – hat sich in der Neuzeit für die Bevölkerung der Mitte teilweise verwischt. Denn unser Bewußtsein hat sich erdumfassend geweitet. Dadurch haben alle Vertreter des siebengliedrigen Getreidespektrums bei uns Eingang gefunden. Trotzdem hat das Schema für dieses Erdenrund auch heute noch seine Bedeutung.

Der Blick auf die Bevölkerung der Kontinente führt uns zur Fragestellung nach der Beziehung der Getreide zu den vier Temperamenten und den vier Wesensgliedern des Menschen. Wir wollen die Antwort mit einer kurzen menschenkundlichen Betrachtung zu diesem Thema einleiten (siehe auch Seite 175).

Als Temperament bezeichnen wir die seelische Grundfärbung des menschlichen Wesens. Sie tritt uns in einer großen Mannigfaltigkeit entgegen, so daß wir sagen können: Jeder Mensch hat eigentlich sein eigenes Temperament. Und doch können wir vier hauptsächliche Tönungen unterscheiden: das sanguinische, cholerische, phlegmatische und melancholische Temperament. Und wenn sie sich auch stets gemischt in der Seele des Menschen zeigen, so herrscht meist doch eines vor.

Das Temperament vereinigt auf der einen Seite die Menschen zu Gruppen, es hängt andererseits aber auch mit der individuellen Eigenart eines jeden Menschen zusammen. Es ist sowohl an den Erbstrom gebunden als auch Ausdruck des innersten Wesenskerns, der von den Erbanlagen nicht berührt wird. So konnte Goethe die Worte sprechen:

> «Vom Vater hab' ich die Statur,
> Des Lebens ernstes Führen,

Vom Mütterchen die Frohnatur
Und Lust zu fabulieren.»

Was Goethe jedoch zum Genie machte, war sein Ureigenstes und stammte nicht von irgendeinem seiner Vorfahren her. Zwischen dem individuellen Wesenskern des Menschen und dem, was an ihm durch Familie, Vorfahren und Rasse geprägt, aber doch fähig ist, individualisiert zu werden, bildet sich das Temperament. Indem die beiden Strömungen – das Vererbte und das Individuelle – sich vereinigen, färben sie sich gegenseitig. Das Temperament gleicht die ewige Strömung der Individualität mit dem Vergänglichen der Vererbung aus.

Um das Wesen der Temperamente besser verstehen zu können, wollen wir den Menschen als eine viergliedrige Wesenheit betrachten mit seinem physischen Leib, dem Äther- oder Bildekräfteleib, dem Seelenleib oder Astralleib und dem Ich.

Für die äußeren Sinne wahrnehmbar ist nur der physische Leib, den der Mensch mit dem Mineralreich gemeinsam hat. Die übrigen Glieder der menschlichen Wesenheit sind übersinnlicher Natur. Den Ätherleib – auch Lebensleib genannt – hat der Mensch mit der Pflanzenwelt gemeinsam. Er hält den physischen Leib am Leben und hindert ihn am Zerfall.

In einem dritten Glied des Menschenwesens erkennen wir den Träger von alledem, was an Lust und Leid, Freude und Schmerz, Instinkten, Trieben, Leidenschaften oder auch an Vorstellungen das Innere durchzieht. Das wird von Rudolf Steiner der astralische Leib oder auch Nervenleib genannt. Ihn besitzt auch das Tier.

Darüber hinaus hat der Mensch – und nur er – ein Wesenglied, das ihn über alle Kreatur hinaushebt und durch das er die Krone der Schöpfung ist: Das Ich. Es gibt ihm die Kraft des Selbstbewußtseins, das ihn mit dem Geistigen verbindet, die moralische Einsicht und das Gewissen.

Physischer Leib und Ätherleib tragen deutlich die Zeichen der Vererbung an sich, während der astralische Leib und das Ich bestimmt werden vom inneren Wesenskern, von der Individualität und frei sind von den Kräften der Vererbung. Die vier Glieder der menschlichen Natur wirken jedoch in der mannigfaltigsten Weise ineinander; das eine Glied beeinflußt das andere. Durch diese Wechselwirkung treten die Temperamente auf. Und die eigentümliche Färbung der Menschennatur, das Temperament, hängt davon ab, welches dieser einzelnen Glieder sich hervortut.[53]

Wenn das Ich des Menschen durch seine Schicksale so stark geworden ist, daß vorwiegend seine Kräfte in der Menschennatur herrschen, dann entsteht das cholerische Temperament. Unterliegt er den Kräften des astralischen Leibes, finden wir das sanguinische Temperament. Wirkt im Überschuß der Ätherleib und drückt den anderen Gliedern seine Eigenart auf, wird der Mensch phlegmatisch. Dominiert der physische Leib und ist der Wesenskern nicht in der Lage, eine gewisse physische Schwere zu überwinden, bildet sich das melancholische Temperament aus.

Eine weitere Zuordnung können wir zu den Elementen entdecken. Das cholerische Temperament gehört zum Feuer, das sanguinische zur Luft, das phlegmatische zum Wasser, das melancholische zur Erde.

Demnach hat der Choleriker einen starken, feurigen Sinn. Er ist als Tatmensch immer aktiv und scheut nicht davor zurück, sich gegen Widerstände durchzusetzen. Er greift in die Ordnungen der Welt ein und gestaltet sie nach seiner Überzeugung. In ungutem Sinn ist er rücksichtslos und ein ewig hektischer «Macher». Körperlich ist der Choleriker meist von kräftiger, gedrungener Statur.

Der Sanguiniker ist beweglich, anpassungsfähig. Mit meist heiterem Sinn kommt er gewöhnlich mit dem Leben gut zurecht. Schwierigkeiten geht er gerne aus dem Wege. Sensibel nimmt er die Umwelt wahr und findet rasch und geschickt einen Zugang zu allen möglichen Lebensgebieten. Doch besteht die Gefahr, daß er an der Oberfläche der Dinge bleibt und nicht zum Kern in die Tiefe dringt. Auch pendelt er oft zu leicht von einer Veränderung zur anderen und verliert sich dabei. Im Gegensatz zum Choleriker ist der Sanguiniker eher schlank und zartgliedrig.

Der Phlegmatiker liebt die Behaglichkeit des Gewohnten und scheut jeden Wechsel. Durch ihn kommt Ruhe und Stetigkeit ins Leben – in unserer unruhigen Zeit oft für den einzelnen eine Wohltat. Doch ist es eine Frage, ob die bedrohlichen Krisen der Gegenwart von Phlegmatikern gemeistert werden könnten. – Der Körper des phlegmatischen Menschen neigt zu rundlichen Formen, die Gesichtszüge sind weich und entbehren meist des markanten Ausdrucks wie beim Choleriker.

Der Melancholiker geht meist mit gesenktem Kopf durch die Welt, das Auge blickt trübe, der Gang ist zwar fest, doch schleppend. Er ist in seinem physischen Leib befangen, er kommt von sich nicht los, bezieht alles auf sich und findet schwer Kontakt zu anderen Menschen. Seine Kräfte können sich nicht frei entfalten. Er ist einsam und leidet an dieser Einsamkeit. Doch wie alle Temperamente, hat auch das melancholische Temperament eine segensreiche Aufgabe, wenn es in die Persönlichkeit integriert wird: es führt den Menschen in die Tiefe, zur Gründlichkeit, läßt Probleme bis zum Ende durchdenken. Ein Melancholiker erscheint zunächst für eine Gemeinschaft oft unbequem, sorgt aber für die Klärung mancher verdeckten Zusammenhänge, die sich störend auswirken.

Ehe wir versuchen, die Getreidearten auf die Temperamente zu beziehen, wollen wir danach fragen, welche Temperamente bei den einzelnen Bevölkerungsgruppen der Erde vorherrschen.

Die Bewohner des mittleren und nördlichen Europa sind ihrer Veranlagung nach seit altersher Menschen der Tat. Ihre Eroberungszüge erstreckten sich bis in ferne Regionen. Dabei entwickelten die einzelnen Angehörigen dieser Völker immer stärker eine markante Eigenpersönlichkeit, ihr Ich dominiert. Wir können sie nach der gegebenen Charakterisierung als vorwiegend cholerisch bezeichnen.

Die Menschen des Südens sind beweglich und sinnenfreudig. Sie tanzen, singen und spielen gerne. Es fällt dem heutigen Afrikaner gar nicht so schwer, an unseren Hochschulen zurecht zu kommen, doch bleibt er meist an der Oberfläche haften, ohne in die Tiefe dringen zu können. Er ist ein Sanguiniker.

Im fernen Osten leben die Menschen noch stark in den Traditionen der familiären Zusammenhänge. Der Zeitbegriff ist noch ein anderer als bei uns. Davon berichten die westlichen Geschäftsleute, die stets an Termine gebunden sind, wofür der Asiate kein Verständnis hat. Er läßt sich Zeit und ist nicht gewillt, unsere Aktivität mitzumachen – er ist ein typischer Phlegmatiker. Das zeigen auch seine runden Körperformen und seine weichen Gesichtszüge.

Die Urbewohner des amerikanischen Kontinentes, die Indianer, sind stark erdgebunden. Sie sind eine «saturnische» Rasse, das heißt ernst und schwer. Im Gegensatz zu den Schwarzen, die sich mit den Lebensgewohnheiten der Weißen verbunden haben, blieben sie in ihren Reservaten für sich und suchten keinen Kontakt nach außen. Sie sind introvertiert, vorwiegend melancholisch gestimmt und verfielen in weitem Umfang der Versuchung des Alkohols: eine tiefe Tragik, an der die europäischen Eroberer nicht schuldlos sind.

Nach diesen vorbereitenden Darstellungen können wir nun eine Verwandtschaft der Getreidearten mit den Temperamenten feststellen. Dabei ergibt sich zunächst, daß die Bevölkerungsgruppen der Erde das ihrem Temperament entsprechende Getreide seit alters her bevorzugt haben, so der cholerische Germane den Hafer, der sanguinische Südländer die Hirse, der phlegmatische Asiate den Reis und der melancholische Indianer den Mais. Der Hafer ist das feurige Getreide, die Hirse hat bewegliche «merkuriale» Eigenschaften, der Reis ist dem wäßrigen Element des Phlegmatikers verbunden und der Mais mit seiner Schwere dem Melancholiker. Die übrigen drei Getreidearten Weizen, Roggen und Gerste bilden eine harmonische Mitte. Wir können also folgendes Schema aufstellen:

Element	Wesensglieder des Menschen	Temperamente	Völker	Getreide
Feuer	Ich – Geist	Choleriker	Europäer	Hafer
Luft	Seele	Sanguiniker	Afrikaner	Hirse
Wasser	Lebensleib	Phlegmatiker	Asiaten	Reis
Erde	Erdenleib	Melancholiker	Indianer	Mals

Das Schema darf nicht zu eng genommen werden. Im Menschen sind alle Temperamente veranlagt, und sie entwickeln sich, in ihrer Gesamtheit aufeinander eingestimmt, mit der Reifung der Individualität zum Alter hin. Es gelangt dann in den Lebensvollzügen das Temperament zum Einsatz, das der Forderung des Augenblicks entspricht. Auch die Getreide sind ja nicht scharf voneinander unterschieden. In jedem ist die Färbung und Tönung aller anderen sieben enthalten.

Nun erhebt sich die Frage: Ist es ratsam, das entsprechende Getreide bei der dazu passenden Temperamentsanlage zu bevorzugen? Oder sollen wir dagegen dem Choleriker zum Beispiel den Hafer vorenthalten? Eine Antwort erfahren wir durch den Naturinstinkt der Völker. Diese haben ja gerade das zu ihrem Temperament zugehörige Getreide bevorzugt. Aber wird nicht dadurch das Temperament noch stärker angeregt, was ja nicht immer wünschenswert ist? Freilich, wenn wir es in zu großer Menge und ausschließlich geben. Aber entziehen dürfen wir das verwandte Getreide nicht. So stützt der Hafer den Choleriker in den Wärmeprozessen des Stoffwechsels, auf die sich sein Wesen gründet. Er braucht also den Hafer. Das schließt nicht aus, daß wir zusätzlich einen Ausgleich durch den Reis schaffen.

Der Sanguiniker wird durch die Ernährung mit Hirse in der Haut und in den Sinnen gestärkt. Auch hier fügen wir gleiches zu gleichem, ohne befürchten zu müssen, daß der Sanguiniker zu stark in seinem Temperament betont und gleichsam aus sich herausgelupft wird. Für ihn werden wir stets Getreide der Mitte hinzugeben wie überhaupt bei allen einseitigen Temperamenten.

Dem Phlegmatiker lassen wir seinen Reis, würzen ihn allerdings kräftig mit Curry; dazu feuern wir ihn mit Hafer an. Es schadet gewiß nicht, wenn den Phlegmatiker bisweilen «der Hafer sticht».

Nach dem gleichen Prinzip entziehen wir dem Melancholiker nicht den Mais, sondern verwandeln nur dessen Schwere durch Gewürze, wie es die Indianer auch tun. Zusätzlich ist hier als Ausgleich die Hirse am Platze.

V.
DAS BROT

Aus dem Getreide hat der Mensch seine edelste Speise bereitet: das Brot. Es wurde ihm zum Urbild der Nahrung. Ja, mehr noch: in dem Gebet, das Christus die Menschen lehrte, steht mit der Bitte um das tägliche Brot die Bitte um die Erhaltung des Leibes schlechthin.

Brot und Leib – diese Beziehung drückt sich aus in dem Wort «Brotlaib». Der Name Laib war schon im Ursprung der deutschen Sprache der Name für Brot: im Germanischen hieß dieses Wort Hlaifs. Leib des Menschen, Laib als Brot – diese Worte sind trotz verschiedener ethymologischer Herkunft gleichlautend, eine bedeutsame Erscheinung in der kulturhistorischen Entwicklung.

Das Brot wurde seit seiner Entstehung durch alle Zeiten hindurch mit Ehrfurcht behandelt. Unsere Mütter schlugen noch über ein frisch gebackenes Brot ein Kreuz, ehe sie es anschnitten. Heute beginnt man wieder, selbst Brot zu backen und erfährt, wie mit diesem Tun eine besondere Stimmung einzieht. Es ist ein ganz besonderes Erleben, wenn im Hause Brot gebacken wird. Vor allem die Kinder spüren das und wollen gern dabei sein und mithelfen.

In den Waldorfschulen ist es Brauch, daß in der achten Klasse die Kinder auf einem Beet im Schulgarten Getreide anbauen. Wenn es reif ist, wird das Korn geerntet und gemahlen. Dann folgt der festliche Augenblick, auf den

Backofen-Nachbildungen: Steinzeit Ägypten Mittelalter

Tönerne Backglocke aus Bosnien – Bronzezeit um 1000 v. Chr.
(Nachbildung)

alle bisherigen Arbeiten ausgerichtet waren, das Brotbacken. Ein tiefes Erleben für die Kinder, das eine ehrfürchtige Stimmung gegenüber der Nahrungswelt in ihnen veranlagt, so daß sie auch später, wenn sie groß geworden sind, das Brot als Gabe Gottes achten und es niemals gedankenlos verkommen lassen selbst in Zeiten des Überflusses.

Wie aber backen wir unser Brot, was geht dabei vor? Heutzutage erscheint es uns selbstverständlich, daß wir unter verschiedenen Verfahren der Brotbereitung auswählen können. Das war nicht immer so.

Geschichte des Brotbackens

Im Anfang wurde das Getreide als Brei bereitet; man zerquetschte die Körner und rührte sie mit Wasser an. Auch heute lebt über die Hälfte der Erdbevölkerung von gekochtem Getreide.

In der frühen Menschheitsentwicklung waren die Gedanken noch nicht konturiert, das Bewußtsein mehr hingegeben an die Umwelt. Dieser Zustand ist vergleichbar der frühen Kindheit des Menschen. Die Nahrung, die dieser Stufe der Entwicklung entspricht, ist noch weich und ungeformt. –

Dann aber wandte sich der Mensch immer stärker der irdischen Welt zu und setzte sich mit den Gegenständen seiner Umgebung auseinander. Er ernährte sich in dieser Zeit von einer Zubereitung des Getreides, die ihm Gelegenheit gab, das Feste und Geformte bei der Nahrungsaufnahme zu erleben. Denn die Entfaltung des Bewußtseins verlangt eine entsprechende Ernährungsweise. So entstanden die ersten Brote; zunächst noch einfach und

Backsteine mit Fladenbrot in Haubenform – um 2500 v. Chr.
(Nachbildung)

Holzgeschnitzter
Brotstempel – 1718 –
alpenländisch
Stempelplatte:
unten Sonnenrad
oben Herz

primitiv: Ein Stein wurde im Feuer erhitzt und der Getreidebrei darübergestrichen, so daß sich ein Brotfladen bildete.

In der ägyptischen Kulturepoche verband sich der Mensch stärker mit dem irdischen Raum, wovon die Bauten der damaligen Zeit künden. Nun entstanden regelrechte Backhäuser mit Backöfen, und der flache Fladen wurde zu einem räumlichen Gebilde, dem eigentlichen Brotlaib geformt. Dazu mußte ein Gärprozeß entwickelt werden; man erfand den Sauerteig. Durch ihn wird das Luftelement in der Teigmasse wirksam, sie schwillt an und «geht auf». Die Qualität des Teiges wird eine andere. Man sieht, wie das ausgebackene Sauerteigbrot durchsetzt ist von feinen Luftlöchern. Auch läßt sich jetzt unterscheiden zwischen einem Außen und Innen, zwischen Rinde und Krume.

Wir wissen nicht, wer den Sauerteig entdeckt hat. Wir wissen nur, daß im alten Ägypten das Brotbacken als eine ganz besondere Kunst hoch geschätzt und auf Grabmälern verherrlicht wurde.

Die Bereitung des Sauerteiges war ein besonderes Anliegen der Juden. Sie feierten das Fest der süßen Brote; schon daraus läßt sich erkennen, daß dieses Volk sein alltägliches Brot mit Sauerteig herstellte. Es wird immer ein kleiner Teil des Teiges aufbewahrt und in den nächsten eingearbeitet; stets tritt Vergangenes herein in die Gegenwart und diese wirkt wiederum in die Zukunft. Eine Art von «Generationsfolge» entsteht. Von einem ersten Brot, einem Urbrot leiten sich alle weiteren Brote ab; ein Substanzstrom pflanzt sich fort durch die Folgen der Bereitung.

Die Juden lebten in dem Bewußtsein, durch die Geschlechterfolgen miteinander verbunden zu sein. «Ich und der Vater Abraham sind Eines.» Das hatte einen tiefen weltgeschichtlichen Sinn im Hinblick auf die Reinerhaltung des Generationsstromes, der zu Jesus von Nazareth, dem Träger der Christuswesenheit führte.[54]

Auch in anderen Völkern und Rassen pflegte man den Zusammenhang durch die Blutsbande. Bis in die Neuzeit hinein war auch in Mitteleuropa der einzelne Mensch an die Sippe gebunden: Auch hier wurde Sauerteigbrot gegessen, und man könnte hier die Weitergabe des Substanzstromes im gleichen Sinne als Ausdruck dieser Seelenlage deuten.

Die Brotbereitung heute

In unserer Zeit ist der einzelne Mensch viel stärker auf sich selbst gestellt. Er hat sich weitgehend aus dem Generationsstrom mit der Bindung an die Blutszusammenhänge gelöst. Traditionen sind nicht mehr gültig; vieles muß neu ergriffen werden. Dabei gilt es, bei dem ungeheuer rasch anwachsenden Wissen um die Einzelheiten, die im Geistigen gegründete Ordnung des Ganzen nicht aus dem Blick zu verlieren.

Auch in der Brotbereitung drückt sich diese Situation aus. Die Technik, die aus der Kenntnis der Materie und ihrer einzelnen Bestandteile hervorging, hat sich des Brotes bemächtigt; es entstand eine Brotindustrie gewaltigen Ausmaßes. Massenproduktion mit Einsatz chemischer Triebmittel, Kurzsauer und Konservierungsmitteln hat zu einer verhängnisvollen Entwicklung geführt. Es gibt in der Bundesrepublik Deutschland zwar etwa 200 Brotsorten, die meisten sind jedoch arm an Duft und Aroma, Ausdruck einer Nivellierung.

Brotstempel – 4. Jahrh. v. Chr. (Gipsabguß)

Auf der anderen Seite suchen immer mehr Menschen nach einem hochwertigen Brot. Meist fangen sie an, zu Hause ihr Brot selbst zu backen. Es finden sich aber auch gute handwerkliche Bäckereien oder Spezialabteilungen kleinerer Fabrikbetriebe, die vorzügliche Brote in den Handel bringen. Welche Art der Brotbereitung ist für uns zeitgemäß? Der Mensch muß die Möglichkeit einer individuellen Auswahl haben. Das Brot darf nicht durch Manipulationen, die meist von wirtschaftlichen Gesichtspunkten und technischen Erfordernissen bestimmt sind, unlebendig und «farblos», werden.

Zu der guten Qualität solcher Brote trägt schon der Anbau des Getreides ohne chemische Dünger- und Spritzmittel bei. In der biologisch-dynamischen Wirtschaftsweise wird darüber hinaus ein Getreide erzeugt, das durch seine Lebenskraft die Prozesse bei der Zubereitung des Brotes fördert. Solch ein Brot ist innerlich lebendig und locker und schenkt uns ein volles Aroma. Doch nur entsprechende Backverfahren lassen diese Eigenschaften in rechter Weise entstehen.

Das Honig-Salzbrot

Um das Honig-Salz-Brot bemühen sich heute viele Menschen Im Spannungsfeld zwischen dem Irdisch-Festen und dem Blütenhaft-Kosmischen, dem Salz der Erde und dem Honig als Repräsentant kosmischer Licht- und Wärmeprozesse, erfolgt das Aufgehen des Teiges ohne alle Triebmittel, wenn er nur richtig geknetet ist. Dabei scheint es bedeutsam zu sein, daß der Trieb des Teiges mit Sonnenaufgang erfolgt. Rudolf Hauschka[55] hat in systematischen Versuchen mit Demeter-Getreide gefunden, daß beim Honig-Salz-Teig die Triebkraft um 6 Uhr früh einsetzt, während der Hefeteig um Mitternacht anfängt zu treiben.

Für die Bereitung des Honig-Salzbrotes liegen die verschiedensten Rezepte vor, so daß ein individuelles Vorgehen möglich wird. Von großer Bedeutung für das Gelingen ist die Qualität des Honigs. Damit der Teig aufgeht,

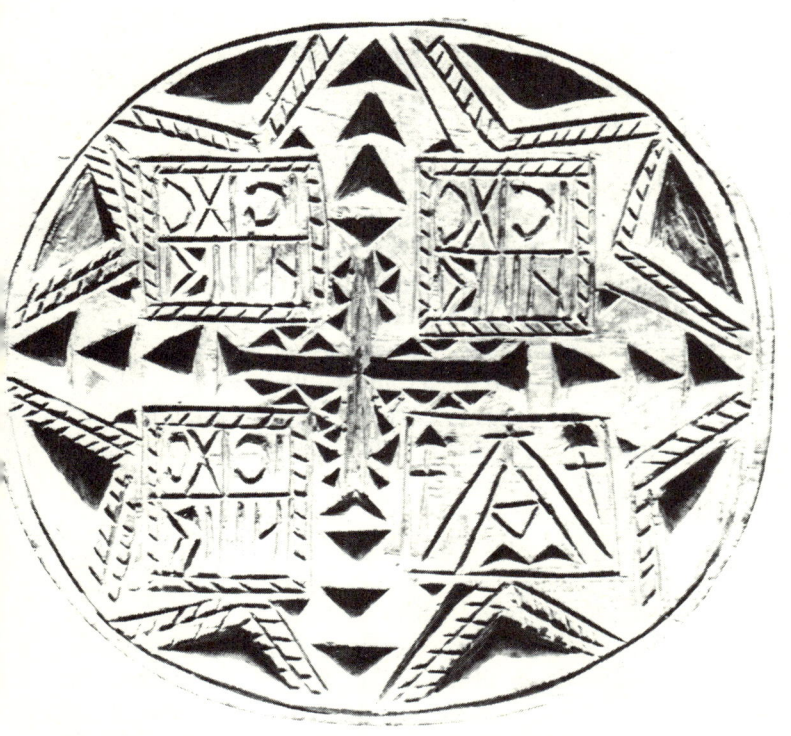

Griechischer Brotstempel aus Holz mit Text und Ornamenten – (Kreta)

muß eine Gärung einsetzen, bei der die Nektarhefen im Honig mitwirken. Dieser Prozeß kann nur dann erfolgreich verlaufen, wenn frisch geschrotetes Getreide verwendet wird. Sowohl Roggen als auch Weizen eignen sich zum Honig-Salzbrot. Es empfiehlt sich auch die besonders harmonische Mischung von Weizen und Roggen mit kleineren Mengen von Gerste und Hafer.

Beim Backen muß die Temperatur vorsichtig gewählt

werden. Im Inneren des Brotes kann wegen des Wassergehaltes die Hitze niemals über 100 Grad ansteigen, aber die Rinde ist den höheren Temperaturen im Ofen ausgesetzt; sie darf nicht zu dick und hart werden. Das Brot muß von innen her ausreifen. Dies geschieht in idealer Weise im Holzbackofen.

Die Honig-Salzbrote gelingen unterschiedlich. Es gilt stets, günstige Bedingungen zu schaffen, unter denen die Nektarhefen aus dem Honig die Gärung einleiten können. Dazu sind die Teigfestigkeit, das heißt, die nötige Wassermenge, die Teigbearbeitung und die richtige Wärme herauszufinden. Auch sollte das Brot erst nach 3 Tagen angeschnitten werden. – So erfreuen sich die Honig-Salzbrote unterschiedlicher Beliebtheit.

Spezial-Backferment nach Hugo Erbe

Eine Weiterführung der Brotbereitung auf Honigbasis ist mit Hilfe des Backfermentes nach Hugo Erbe[56] möglich. Es handelt sich hierbei um ein Teiglockerungsmittel, das ohne Zusatz von Sauerteig oder Hefe für sich allein zu verwenden ist. Die Gärung setzt durch die Tätigkeit von Bakterien und Hefen ein, die im Backferment als einem Konzentrat aus Getreidemehl, Honig, Salz und Erbsmehl enthalten sind.

Das trockene, feine Granulat besitzt eine sehr hohe Lagerfähigkeit. Ein großer Vorteil des Backfermentes liegt ferner darin, daß das Brot neben Weizen und Roggen hohe Anteile (40 bis 80 Prozent) an Gerste, Hafer, Mais, Reis und Hirse haben kann, den Getreidearten, die bei der üblichen Methode der Brotbereitung nur in geringem Maße verwendbar sind. Auch Mehl von stärkereichen Knollen

Koptischer Stempel für das St. Michaels-Brot

wie Maniok und Yams läßt sich mit dem Backferment gut verarbeiten. All diese Möglichkeiten können von großer Bedeutung für die Welternährung werden. Das Backferment Erbe wurde so entwickelt, daß der Vorgang der Teigausreifung trotz der kurzen Backzeit sehr vollkommen ist. Daher zeichnet sich das Brot durch eine hervorragende Bekömmlichkeit aus; es «liegt nicht schwer im Magen» und kann sofort nach dem Backen verzehrt werden.

Der Sauerteig

Sauerteig ist das älteste Triebmittel für die Bereitung von Brot. Wenn man ein Gemisch von Wasser und Mehl einige Tage stehen läßt, entwickeln sich Mikroorganismen, die

die Gärung erzeugen. Es sind vor allem Milchsäurebakterien und Hefen, auch Sauerteighefen genannt. Die Milchsäurebakterien produzieren aus der Stärke Milchsäure sowie Aromastoffe; die Hefe liefert dazu das Gas Kohlendioxyd, das zum Aufgehen des Teiges führt.

In unserer Zeit wird der Sauerteig auf Roggengrundlage gewonnen.[57] Man stützt sich dabei auf folgende Tradition: Vom letzten Teig wird eine kleine Menge zurückbehalten. Dieser kleine Rest mit seinen Milchsäurebakterien und Hefepilzen wird mit warmem Wasser angerührt. Es folgt dann in mehrstufiger Teigführung die Zubereitung des Brotes. Diese Art ist auch heute noch die Grundlage der Sauerteigführung.

Allerdings benutzen Bäckereien oftmals anstatt des von selbst entstandenen Sauerteiges den sogenannten «Reinzuchtsauer». Er enthält nur bestimmte Bakterien und Hefen der natürlichen Sauerteiggärung, die in Spezialbetrieben isoliert und weitergezüchtet wurden. Die mehrstufige Sauerteigführung verlangt vom Bäcker nicht nur ein hervorragendes handwerkliches Können, sondern auch hohen Arbeitsaufwand mit ungünstigen Arbeitszeiten. Die Herstellung von vollentwickeltem Sauerteig erfordert viermaliges Gehenlassen und Zufügen von Mehl. Daher spricht man von «Vierstufensauer». Entsprechend kürzere Verfahren werden als Dreistufensauer oder, bei zusätzlicher Verwendung von Hefe, als «Kurzsauer» bezeichnet. Industriell vorgefertigte Sauerteige heißen «Fertigsauer». Der «Kunstsauer» besteht aus Säuren oder sauren Salzen, die an einen Trägerstoff, meist Quellmehl, gebunden werden. Durch Beigabe dieses künstlichen Mittels erhalten die Teige den gewünschten Säuregrad, ohne den ein Verbacken von Roggen nicht möglich ist. Für die Lockerung wird dann durch Verwendung von Bäckerhefe gesorgt.

Diese Art der Brotbereitung ist bestechend wegen des schnellen Ablaufs der Arbeitsprozesse und großer Betriebssicherheit und höherer Brotausbeute, muß aber gesundheitlich als sehr fragwürdig angesehen werden. Es ist ein großer Unterschied, ob die Säuren im Teig selbst durch einen organischen Prozeß zur Entwicklung kommen oder in einem separaten Verfahren gewonnen und künstlich zugesetzt werden. Kein Wunder, daß bei der verbreiteten Anwendung des Kunstsauers viele Brote heute langweilig und wenig aromatisch schmecken und von empfindlichen Menschen zudem schlecht vertragen werden. Leider sind wirtschaftlich rationelle Erwägungen vielfach entscheidend gegenüber Fragen echter Nahrungsqualität. Und bei dem abgestumpften Geschmack der meisten Verbraucher ist das eben möglich. Viele wissen nicht mehr, wie ein richtiges Brot schmeckt.

Eine weitere Minderung erfährt die Brotqualität noch durch verschiedene Frischhalte- und Schimmelverhütungsmittel wie beispielsweise die nicht deklarationspflichtige Ascorbinsäure (künstliches Vitamin C mit der Nummer E 300). In den Vereinigten Staaten von Amerika werden häufig chemische Triebmittel zur Lockerung des Teiges verwendet. Auch kürzere Teigführungszeiten durch intensivere maschinelle Knetung vermindern Aroma und Qualität.

Diese Maßnahmen sind entschieden abzulehnen. Die Brotbereitung ist ein organischer Prozeß, dessen Entfaltung nicht gestört werden darf. Sämtliche Eingriffe mit dem Ziel technischer und wirtschaftlicher Rationalisierung lassen das Brot nicht zur vollen «Reifung» kommen, wie sie bei der gekennzeichneten Sauerteigführung, dem Honig-Salzbrot und bei Verwendung von Backferment Erbe stattfindet. Vielerlei Arten von Mikroorganismen sorgen hier für die Umwandlung des Getreides, durch die es erst voll aufgeschlossen wird und seine guten Eigenschaften entfalten kann. Es wird vollaromatisch und bekömmlich auch für Magenempfindliche.

Das Hefebrot

Das in manchen Landstrichen sehr verbreitete Hefebrot erreicht dieses Ziel nicht. Bei seiner Bereitung wird Bäckerhefe verwendet, eine intensive Konzentration von Hefezellen; ein Gramm enthält etwa zehn Milliarden Hefezellen. Ihre Züchtung erfolgt meist auf Melasse, der zur Nährstoffanreicherung anorganische Substanzen und Säuren zugesetzt werden. Durch die Bäckerhefe entsteht eine rasche und kräftige Teiggärung, wobei sich Alkohol und Kohlendioxyd bilden als Stoffwechselprodukte der Zellen. Kohlendioxyd sorgt für die Lockerung des Teiges. Schon in einer Stunde ist die Prozedur beendet. Die Prozesse sind insofern einseitig, als die Bäckerhefe eine Monokultur ist und im Getreide nur wenige Inhaltsstoffe, die die Hefe für ihre Vermehrung benötigt, aufgeschlossen werden.

Für die Herstellung von Hefebrot und Hefegebäck eignet sich nur der Weizen. Roggen bedarf einer Sauerteigführung.

Das Brot und der Weg des Menschen in die Zukunft

Wir sehen also: Vielfältig sind die Möglichkeiten der Brotbereitung. In die Hände des Menschen ist es gelegt, was aus dem Brot wird. Es spiegelt die Entwicklung des Menschen, seinen Reifegrad. Es hat ihn begleitet durch alle Zeiten, und es hat sich mit ihm gewandelt bis in unsere Zeit. Wo stehen wir heute? Das Brot sagt es. Trotz weit verbreiteter Dekadenz ist ein Neubeginn spürbar, ein gesunder Anfang, der viele Möglichkeiten in sich trägt.

Aber es droht auch eine große Gefahr. Wird das Leben aus dem Brot vertrieben, wird der Mensch, der sich von ihm ernährt, zu sehr an die Materie gebunden und kann sich nicht mehr zu seinem geistigen Urbild erheben?

Im Evangelium wird geschildert, wie Christus vom Teufel versucht wird, aus Steinen Brot zu bereiten. Er weist den Widersacher zurück: Ernährung sei nicht nur etwas Stoffliches, sondern auch etwas Geistiges, nämlich das Leben aus dem Wort Gottes.

Heute versucht der Mensch aus «Steinen» Brot zu machen. Synthetische Nahrungsmittel werden ja aus mineralischer Substanz – also quasi aus Steinen – gewonnen. Der Dichter Albert Steffen gestaltet das in seinem Drama «Der Sturz des Antichrist»,[58] dessen Handlung gegen Ende des Jahrhunderts spielt. Der Regent, durch den der Widersacher wirkt, läßt an die Menschheit synthetisch hergestelltes Brot verteilen. Er vollzieht damit eine große Geste der Volksbeglückung. Die Menschen sollen frei werden aus ihrer Abhängigkeit von den Launen der Natur mit allen klimatischen Unzuverlässigkeiten und nicht mehr im Schweiße ihres Angesichts ihr Brotgetreide gewinnen müssen. Fabrikationsverfahren sollen ihnen die Arbeit abnehmen. In einer großen Kundgebung wird das Ereignis gefeiert. Der Regent blickt zurück auf die diese Entwicklung vorbereitende Zeit und sagt:

«Vorläufer, die in meinem Geist gewirkt
und mir die Wege vorbereitet haben,

sind viele, ich gedenke ihrer dankbar
und möchte, daß die Welt von ihnen weiß.»

Und wie ergeht es dem, der dieses synthetische Brot ißt?
Ein Priester muß es auf Befehl des Regenten weihen und
davon kosten. Er verliert sein Menschsein und sinkt zum
Tier hinab; nur noch tierische Laute vermag er hervorzubringen.

Was können wir Heutigen tun, um dieser bedrohlichen
Entwicklung entgegenzuwirken, die mit dem steigenden
Zusatz synthetischer Stoffe, den denaturierenden Maßnahmen der Teigführung und des Backprozesses, ja schon
mit der Mineraldüngung beim Getreideanbau immer stärker vordringt? Wir müssen das Leben schützen, bei der
Bodenbewirtschaftung, beim Mahlen und bei der Brotbereitung selbst. Nur ein lebendiges Brot kann uns vor der
Erstarrung unseres Leibes und damit auch unserer Seele
bewahren. Was wir in Händen halten, die Stofflichkeit,
ernährt uns nicht. Leben ist Geist, Gotteslicht, Gotteswort. In diesem Sinne sagt Angelus Silesius im «Cherubinischen Wandersmann»[59]:

«Das Brot ernährt dich nicht: was dich im Brote speist,
Ist Gottes ewiges Wort, ist Leben und ist Geist.»

Der Spruch von Angelus Silesius ist durch einen unbekannten Verfasser ergänzt worden:

«Das Brot ernährt uns wohl, wenn wir es recht
empfangen,
Dann können wir durch es den Himmel selbst
erlangen.»

Mit diesen Worten wird auf eine umfassende Wahrheit gedeutet: Es ist nicht nur wesentlich, was wir essen, sondern wie wir essen. Wenn wir die Speisen mit liebevollem Interesse und in Ehrfurcht vor den ewigen Schöpfermächten des Lebens zu uns nehmen, werden wir wahrhaft genährt. Erst dann können die kosmischen Kräfte, die wir mit der Nahrung empfangen, ihre Wirksamkeit in uns voll entfalten.

Anmerkungen – Literaturhinweise

1 Sigwald Bommer, Geschichte der griechischen und römischen Ernährung. Die Gabe der Demeter. Krailling bei München 1961.
2 Udo Renzenbrink, Zeitgemäße Getreideernährung. 4. Auflage, Dornach 1979.
3 Gerhard Schmidt/Udo Renzenbrink, Das Getreide als menschengemäße Nahrung. Dornach 1967.
4 Avesta nach Fritz Wolf. Berlin 1924.
5 Thassilo von Scheffer, Hellenische Mysterien und Orakel. Stuttgart 1940.
6 Hans Gsänger, Mysterienstätten der Menschheit. Freiburg 1961. – Lob der Demeter. Zusammengestellt und herausgegeben von Curt Englert-Faye. Osio 1937 (Dornach).
7 Rudolf Steiner, Weltenwunder, Seelenprüfungen und Geistesoffenbarungen. GA 129, 5. Auflage, Dornach 1977.
8 Platon, Timaios. Platons sämtliche Werke. Hrsg. von Jakob Hegner, Köln und Olten 1967.
9 Rudolf Steiner, «Unsere atlantischen Vorfahren», in: Aus der Akasha-Chronik. GA 11, 5. Auflage, Dornach 1973.
10 Ignatius Donelly, Atlantische, vorsintflutliche Welt. Esslingen 1911.
11 Gerhard Schmidt, «Über den Ursprung des Getreides im Bilde des Mythos», in: Das Getreide als menschengemäße Nahrung (siehe Nr. 3).
12 Albert Steffen, Das Todeserlebnis des Manes. Drama. 2. Auflage, Dornach 1936.
13 Rudolf Steiner, Mysteriengestaltungen. GA 232, 3. Auflage, Dornach 1974.
14 M. Hoerner, Brotgetreide und Weinstock, in: Die Christengemeinschaft, Stuttgart Mai/Juni 1975.

15 Rudolf Steiner, «Der Mensch und das geschichtliche und moralische Leben der Menschheit nach Ergebnissen der Geisteswissenschaft», Vortrag vom 3. 5. 1918, München, in: Nachrichtenblatt, 17. Jg., Nr. 14-19, 1940.
16 Werner Kollath, Getreide und Mensch – Eine Lebensgemeinschaft. 3. Auflage, Bad Homburg 1980.
17 Rudolf Steiner, Mensch und Welt. Das Wirken des Geistes in der Natur. Über das Wesen der Bienen. GA 351, 2. Auflage, Dornach 1978.
18 Rudolf Steiner/Ita Wegman, Grundlegendes für eine Erweiterung der Heilkunst nach geisteswissenschaftlichen Erkenntnissen, Kapitel 14. GA 27, 5. Auflage, Dornach 1977.
19 Herbert Sieweke, Anthroposophische Medizin, Kapitel 14. Dornach 1959.
20 Rudolf Steiner, Vortrag vom 22.9.1923, in: Rhythmen im Kosmos und im Menschenwesen. Wie kommt man zum Schauen der geistigen Welt? GA 350,2. Auflage, Dornach 1980.
21 Rudolf Steiner, Von Seelenrätseln. GA 21, 4. Auflage, Dornach 1976.
22 A. Fleisch, Ernährungsprobleme in Mangelzeiten. Basel 1947.
23 Rudolf Steiner, Vortrag vom 18.7.1923, in: Rhythmen im Kosmos und im Menschenwesen (siehe Nr. 20).
24 H. Krauss, Vollwertkost für Kranke und Erholungsuchende. Berlin (DDR) 1964.
25 Rudolf Steiner, Vortrag vom 24.4.1923, in: Das Sonnenmysterium und das Mysterium von Tod und Auferstehung. GA 211, Dornach 1963.
26 Elfriede Maurer, «Samenkorn und Ähren», in: Das Goetheanum, Nr.16 und 17, 1964.
27 Werner Christian Simonis, Korn und Brot. 2. Auflage, Stuttgart 1979.
28 Rudolf Steiner, «Ernährungsfragen im Lichte der Geisteswissenschaft», Vortrag vom 17. 12. 1908, in: Wo und wie findet man den Geist? GA 57, Dornach 1961.
29 Maria Thun/Hans Heinze, Anbauversuche über Zusammenhänge zwischen Mondstellungen im Tierkreis und Kulturpflanzen. Schriftenreihe «Lebendige Erde», Darmstadt 1973.
30 Jean Gebser, Asienfibel. Ullsteinbuch Nr. 650, Berlin 1962.
31 Almar von Wistinghausen, Reis. Daten über Anbau, Vor-

kommen und Verwertung in der Welt. Ernährungsrundbrief Nr. 22, Bad Liebenzell 1977.
32 Ottilie Zeller, Reis, das Getreide Asiens. Demeterblätter Nr. 24, Stuttgart, Herbst 1978.
33 Gabi Haubner und Harry Haas nach einer indischen Erzählung. Im asiatischen Kochbuch «Herzhafte Mahlzeit», herausgegeben von der Beratungsstelle für Gestaltung in Zusammenarbeit mit der Aktion dritte Welt-Handel, Frankfurt a. M. 1976, Seite 87ff.
34 Franz Schindler, Handbuch des Getreidebaus. Berlin 1923.
35 Homer, Ilias. Tuskulum-Ausgabe, Band 1. München 1948, Seite 43.
36 Anni Gamerith, Lebendiges Ganzkorn. Bad Goisern (Österreich) 1956.
37 Thermogetreide ist die Bezeichnung für ein schonendes Wärmeverfahren, durch das das Korn aufgeschlossen wird. Es ist dadurch leichter verdaulich und als Schrot gut haltbar. – Siehe auch: Hans-Dieter Otten, Thermogetreide, was ist das eigentlich? Ernährungsrundbrief Nr. 33, Bad Liebenzell 1980.
38 H. v. d. Upwich, Therapie in Klinik und Praxis, in: Physikalische Diät, Heft 1, Bussum (Holland) 1964.
39 Hermann Boller, Beitrag zu einer pharmakologischen Betrachtung von Hordeum vulgare, einer kultivierten Wintergerste. Inauguraldissertation Zürich 1950.
40 A. Dinand, Handbuch der Heilpflanzenkunde. Esslingen 1921.
41 Siehe hierzu: Almar von Wistinghausen, Hirse – Einige Angaben über Hirse und Hirse-Anbau in der Welt. Ernährungsrundbrief Nr. 24, Bad Liebenzell 1977.
42 Alfred Usteri, «Die Hirse», in: Das Goetheanum, 5. Jg., Nr. 42, 1926.
43 Märchen der Gebrüder Grimm. München 1977.
44 Almar von Wistinghausen, Roggen im Demeter-Anbau. Demeter-Blätter Nr. 20, 1976.
45 Nach dem Tod von Martin Schmidt wird die Arbeit von Georg Wilhelm Schmidt weitergeführt. (Verein zur Förderung der Forschung und Ausbildung auf dem Gebiet der Pflanzenzucht e. V. Schienen, D-75378 Bad Liebenzell, Burghaldenweg 60.)

46 Rudolf Steiner, Vortrag vom 31. 7. 1924, in: Die Schöpfung der Welt und des Menschen. Erdenleben und Sternenwirken. GA 354, 2. Auflage, Dornach 1977.
47 Wilhelm zur Linden, Geburt und Kindheit. 10. Auflage, Frankfurt a. M. 1978.
48 Hans Leip, Der große Fluß im Meer. Herford 1978.
49 Joachim Kühnau und Wendel Ganssmann, Hafer, ein Element der modernen Ernährung. Frankfurt a. M. 1976.
50 H. Kraut, Die Aktion zur Selbsthilfe in Tansania, in Ernährungsumschau, Frankfurt a. M., März 1971.
51 Wochenzeitung «Die Unabhängigen», München, 23. Oktober 1976. Auszüge in: Ernährungsrundbrief des Arbeitskreises für Ernährungsforschung. Bad Liebenzell, Winter 1976.
52 Wilhelm Hoerner, Zeit und Rhythmus. Stuttgart 1976, Seite 96ff.
53 Rudolf Steiner, Die geistig-seelischen Grundkräfte der Erziehungskunst. GA 305, Dornach 1979.
54 Emil Bock, Beiträge zur Geistesgeschichte der Menschheit, Band 1: Urgeschichte. 7. Auflage, Stuttgart 1978.
55 Rudolf Hauschka, Ernährungslehre. 7. Auflage, Frankfurt a. M. 1979.
56 Backferment, zu beziehen bei: Fa. Backtechnik GmbH, Postfach 80, D-61197 Florstadt 1.
57 Ada Pokorny, Die Verarbeitung des Getreides zu Brot und Gebäck. Arbeitskreis für Ernährungsforschung, Bad Liebenzell-Unterlengenhardt 1979.
58 Albert Steffen, Der Sturz des Antichrist. Drama. 3. Auflage, Dornach 1979.
59 Angelus Silesius, Der Cherubinische Wandersmann. Krefeld 1948.

Bildnachweise

Seite 33: von Dr. Ottilie Zeller, Stuttgart.
Seite 39: aus Werner Kollath, Getreide und Mensch – eine Lebensgemeinschaft, Bad Homburg 1964.
Seite 184: aus Wilhelm Hoerner, Zeit und Rhythmus, Urachhaus-Verlag, Stuttgart 1976.
Seite 204-213: alle Abbildungen aus dem Deutschen Brotmuseum, Ulm/Donau – mit freundlicher Erlaubnis.

Verzeichnis der Abbildungen

Nach einem Weiherelief von Eleusis 20
Längsschnitt durch eine junge Weizenähre 33
Schematischer Bau des Weizenkorns 39
Tabelle der Weizenernten 65
Kolbendinkel, Schlegeldinkel, Emmerweizen 68
Weizen und Weizenkorn 69
Reife Reisrispe und Reiskörner 80
Reispflanze mit reifen Körnern 81
Reiskörner: Langkorn, Rundkorn, geschliffenes und poliertes Korn 86
Gerste – 2-zeilig und Gerstenkorn 99
Hirse 118
Roggen und Roggenkorn 132
Hafer 146
Mais-Blütenstand und Maiskolben 158
Maispflanze 159
Reihenfolge der Wochentagsplaneten 184
Siebenstern mit Planetenordnung 184
Backofen-Nachbildungen: Steinzeit, Ägypten, Mittelalter 204
Tönerne Backglocke aus Bosnien 204
Backsteine mit Fladenbrot in Haubenform 206
Holzgeschnitzter Brotstempel von 1718 206
Brotstempel aus dem 4. Jahrhundert 209
Griechischer Brotstempel aus Kreta 211
Koptischer Stempel für das St. Michaels-Brot 213